与中学生谈写作

柴福善 / 著

民族出版社

福泽学生　善莫大焉

这是一本令人感到温暖的书，是一位有责任、有担当、有使命感的令人尊敬的学者献给孩子们的珍贵礼物。

写作是人的一种社会行为，是人类文明赖以发展的必需条件。人类文明，其实质是人类生存经验的不断积累。曹丕在《典论·论文》中写道：“盖文章，经国之大业，不朽之盛事。年寿有时而尽，荣乐止乎其身。二者必至之常期，未若文章之无穷也。”对一个学生来说，写作对于其发展、成长具有重要意义，不仅因为它是语文教学、考试的重要内容，更在于它是未来公民适应社会发展和个人终身学习的必备品格和关键能力。美国学者研究表明：“写作技能是未来公民生存的第一技能，也是每个人必须具备的技能。因为写作本身要求思考和推理，有利于发展每个学生的主动性，有助于提高阅读技能。不管是习作、练笔还是创作，都需要理出头绪、组织思想，并进行对比。写作还能发展勇气、共享创造，使学习对别人的监督敞开大门。”

然而现实生活、学习中，望写兴叹，是中国很多教师和学生面临的困境。如何让学生走出写作困惑，切实掌握写作技能，让写作成为孩子们的一种习惯，进而成为一种乐趣，是每一个语文教育工作者苦苦思考和探寻的问题。

为突破这一瓶颈，2016年，我们邀请中国作协会员、北京作协理事、知名作家——柴福善先生，在我校成立了“柴福善文学社”，先生是平谷的文化名人，虽然已经退休，工作依然繁忙，承担着很多研究课题和研究工作，但先生还是愉悦应允，并请中国当代作家、学者，文化部原部长、中国作家协会名誉主席——王蒙同志题写了社名。

作为知名作家，先生在《人民日报》《青年文学》等多家报刊发表诗歌100余首，散文400余篇。有的作品被《作家文摘》《青年文摘》等转载。已出版散文集《逍遥人生》《岁月无痕》《往事与乡情》《秦时明月》等五部，与罗哲文合著《中国名寺大观》《中国名塔大观》《中国名桥大观》。其中，散文集《江山有待》荣获全国第五届冰心散文奖。积累了丰富的写作经验和创作体会，是一座人文和写作实践的富矿，有机会接受先生的直接教诲和指导，是我校广大师生的幸事，弥足珍贵。

三年来，先生潜心贯注，心会神凝，深钻细研，以严谨的治学态度，将自己的写作经验和学生的学习特点紧密结合，带领学生游平谷文化古迹，观风景名胜，访平谷名人，探平谷历史，把学生带到生活中体验，在情境中观察，在思考中提升……让学生深刻体会写作的真谛，领悟写作的技巧，把写作当成一种生活方式、成长的历程。

对于学生的习作，先生总是悉心指导，耐心修改，促膝相谈，如春风化雨，滋润学生心田，参加文学社的学生在北京市、平谷区等各级刊物发表了作品，成了我校一道亮丽的风景。

这样的探索和实践，用深入浅出的方式，组成了一个有机的写作指导整体，凝练成了此书。这一整体，它对于写作的意义远大于局部之和。因为它从一个作家的视角审视当下的教育与写作，就更加具有普遍意义。可以说，这本书，先生用丰富的创作、实践经验和对教育的深刻思考，为学生写作构建出坚实的成长脚手架，这不是标新立异，而是为学生如何写作探路，探索语文教育规律，以行动创新。

这是一个平凡的脚手架，供学生写作攀爬。它看起来或许没有那么高大，但它的价值远远大于那些所谓的写作“经书”。当下中国，写作“经书”太多，脚手架太少。原因很简单：搭建脚手架，比炮制“经书”艰难得多。脚手架，要求作者在思想体系上必须有完整而坚实的架构，同时又得放下自己的架子，走进教师、学生，深入思考，潜心研究，以成就他人为己任，没有这样的用心，就不会有坚实的脚手架。这正是柴先生的可贵之处，也是本书的魅力所在。

有幸亲历此书诞生的前前后后，一次次感受柴先生心怀对教育之善意，对学生之热爱，用文字捧出了自己火热的心。正是这样，此书也写出了精神生命的新篇章——福泽学生，善莫大焉。因此很高兴写了以上的话作为序。

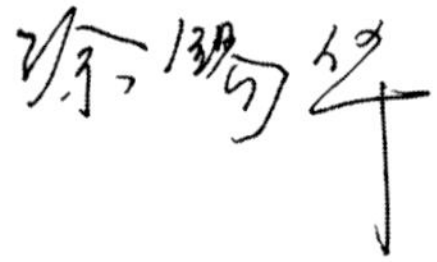

2019 年 9 月于北实附中

目　录

且从“文学社”三字谈起

北实附中以我的名字命名了文学社，在这里谢谢学校，也谢谢大家。王蒙先生亲自为文学社题名（图1，图2），这就是对文学社的支持。王蒙曾任我们国家的文化部长，19岁写长篇小说《青春万岁》，现已80多岁高龄，著作等身，是我国文学界泰斗。今天发给大家我写的散文《核桃树下的王蒙》，就是让大家对王蒙有所了解。对于文学社，也许有的同学喜欢文学而自愿选择，也许有的同学是老师所挑选，无论如何，大家坐在了一起，共同

图1　著名作家王蒙先生为柴福善文学社题写社名

图 2　著名作家王蒙先生在北京家中为柴福善文学社题写社名（摄于 2018 年 2 月）

度过初二年级一个学年的课外活动。我一定会尽我的微薄之力，力争使大家对文学有所了解，对语文写作及语文素养有所提高，尤其文学发现能力及创新能力包括思维广博度、深刻度、语言表达力等方面有所提高。现在教育界有一句话，就是得语文者得天下，毕竟语言文字表达能力，是学习、工作甚至人生的重要基础。

今天作为文学社第一节课，就从“文学社”这三个字谈起。

先谈“文”字，根据《辞源》解释，一是彩色交错。《易经》：“物相杂，故曰文。”这里的“相”字，读“xiàng”为好。《易

图 3　我与王蒙在雕窝家中核桃树下留影（白云兵摄于 1999 年 5 月）

经》，是我国先秦典籍，属于“四书五经”之列。“四书五经”，就是四书和五经的合称，为我国儒家经典书籍。四书，指《大学》《中庸》《论语》和《孟子》。五经，指《诗经》《尚书》《礼记》《周易》和《春秋》。《礼·乐记》：“五色成文而不乱。”“文”引申为文雅，常和“质”或“野”对称。《论语》：“质胜文则野，文胜质则史。”大意是：朴实多于文采，就未免粗野；文采多于朴实，又未免浮华。这句话还有后半句：“文质彬彬，然后君子。”意即：文采和朴实配合恰当，这才是个君子。

二是纹理，花纹。引申为刺画花纹，即“文身”，古代民俗，在身体上刺画有色的图案或花纹。现在一些少数民族，也有文身的习俗，那是一种审美。

三是文字，文辞。《孟子》："故说诗者，不以文害辞，不以辞害志。"大意是：解说《诗经》的人，不能因为文字影响了对诗的辞句的理解，不能因为辞句而影响了对诗的主题的理解。这就要我们读《诗经》时，要从作品的整体出发，正确理解诗的主题。其实，读一篇作品，读一本书，也是这样。

四是美，善。《礼记》："礼减而进，以进为文；乐盈而反，以反为文。"古人对此解释：减，犹倦也。盈，犹溢也。乐以统情，礼以理行。人之情有溢而行有倦，倦而进之，以能进者为文。溢而使反，以能反者为文，文谓才美。

五是非军事的，以武相对。常言说的：文武之道，一张一弛。

六是南北朝以来，称钱一枚为一文。这是表示数量词。

七是姓，春秋时越国有文种，越王勾践的谋臣，和范蠡一起为勾践最终打败吴王夫差立下赫赫功劳。南宋末年文天祥，留下"人生自古谁无死，留取丹心照汗青"的千古诗句。

这里只是列举了"文"字的七种意思，当然不止这些，比如礼乐制度，比如法令条文等，我们对这个字有个大致的了解，就可以了。

再谈"学"字，根据《辞源》解释，一是效仿，学习。《论语》："学而时习之，不亦说乎！"这里，对于"习"字，大家怎么理解？我看资料，一些地方说是复习、温习、练习，这不能说不对。而从甲骨文字形来看，上边是个“羽”字，表示鸟的翅膀，下边是个“日”字，表示太阳，合起来为鸟在阳光下飞翔之意。这应该是个会意字，后随字体演变，“日”字变成“白”字了。《说文解字》里说：“习，数（shuò）飞也。”“数飞”，为多次飞翔之意，这应当是“习”字本义，与今天“学习”的含义不同。西晋诗人左思《咏史》诗有“习习笼中鸟，举翮（hé）触四隅”句，意谓飞来飞去的笼中鸟，一动翅膀就碰到了（鸟笼的）每个角落。“习习”即飞来飞去之意。这一句作为《论语》开篇第一句，微言大义，应该也有应用、实践之意。全句意为：如果将学到的东西经常用于实践之中，不是很叫人喜悦的吗？这是讲的要学以致用。我讲的是我的一些理解，供大家参考。如果与老师讲的或课本上写的不一致，还是以老师和课本为准。这就叫兼听，兼听则明。因为我们是应试的时代，不符合标准答案不行。这点大家要切记。

二是学校。《礼记》：“古之教者，家有塾，党有庠（xiáng），术有序，国有学。”“家”，这里指“闾”，古代二十五户人共住一巷称闾。“塾”，闾中的学校。“党”，五百户为党。“庠”，设在党中的学校。“术”，同“遂”，一万二千五百家为遂。“序”，设在遂中的学校。“国”，京城。“学”，大学。大意是：古时教学，闾中有塾，党中有庠，遂中有序，京城有大学。

三是学问、学说、学派。《庄子》:“百家之学，时或称而道之。”“百家”，指先秦诸子百家。大意是：各家的学问，当时或者有被称道者。

四是诉说。宋朝沈端节有首词，写道:“红娇翠弱，春寒睡起慵匀掠，些儿心事谁能学。”

以上就是“学”字的主要意思。若将“文”“学”二字组合一起，就是“文学”。“文学”又如何解释呢？根据《辞源》解释，一是指文章博学，为孔门四科之一。《论语》:“文学，子游、子夏。”《魏书》“郑义传”:“而义第六，文学为优。”

二是指文献经典。《汉书》“武帝纪”:“选豪俊，讲文学。”选俊杰人才，讲文献经典。

三是官名。汉时州郡及王国皆置文学，略如后世的教官。唐代诸王府也设文学。

这是我国历史上文学的大意，我们现在对文学又怎么理解？一般认为，文学是以语言文字为工具，形象化地反映客观现实的艺术。这个“文学”的定义，应该说与我国古代的“文学”概念，完全不同了。实际上，这是专指写作而言。因此，“文学”又可以说是指作家用独特的语言，艺术地表现其独特的心灵世界的作品。就此而言，我国古代，将文学分为韵文和散文两大类。如诗词曲赋等就属于韵文，韵文之外，如序、跋、记、传、碑文、诸子百家之书等，如唐代柳宗元《小石潭记》，都可以笼统地称作散文。包括一些史书，像《左传》中的《曹刿论战》：“十年春，齐师伐我，公将战。曹刿请见。”这些篇章编选进古代文选，而称之为历史散文。现代，在《写作》《文学概论》里，通常将文学分为诗歌、散文、小说、戏剧四类，而在各类中又有多种样式。

比如诗歌——我国最早出现的一种文学体裁，源于原始人的劳动呼声，是一种有声韵、有歌咏的文学形式。古诗多四言，如《诗经》，东汉魏晋以后多五言、七言。唐代有古体和近体之分，“五四”之后，开展白话运动，才有了新诗，这是按时代来划分；如按表达方式划分，可分为叙事诗和抒情诗；按内容分，可分为田园诗、山水诗、科学诗和咏物诗等。

再如小说，通过描写完整的故事情节和具体的环境，塑造多种多样的人物形象，广泛地多方面地反映社会生活。我国小说渊源于古代神话传说，经历了六朝志怪、唐代传奇、宋元话本、明清章回小说和“五四”现代小说的发展过程。按篇幅长短，可分为长篇、中篇、短篇及小小说；按内容不同，可分为社会小说、神话小说、历史小说、科学小说和侦探小说。

通过以上分析，可以看出，我们文学社的这个“文学”的含义，无疑是指现代意义上的文学，即是指作家用独特的语言，艺术地表现其独特的心灵世界的作品的意思。

最后谈“社”字，根据《辞源》解释，一是指土地之神。《左传》："共工氏有子，曰句（读勾）龙，为后土。""后土为社"，常有皇天后土之说。古时祭土神为社。

二是指祭土神之所，即社宫、社庙。汉代孔子之后孔安国，作《尚书孔氏传》："王者封五色土为社，建诸侯，则各割其方色土与之，使立社。"我国古代，一直存在着"社稷祭祀"的制度。将祭祀土地神的地方称作"社"，祭祀谷物神的地方称作"稷"。以五色土建成的社稷坛，包含着古人对土地的崇拜。五色为：黄、青、红、白、黑。其中，中央为黄色，东方为青色，南方为红色，西方为白色，北方为黑色，以此寓含全国的疆土。而由全国各地所贡，以表明"普天之下，莫非王土"之意。如北京中山公园内，就保存着明代所建的社稷坛。就平谷地区来看，过去乡下不少小庙里，都会供奉着土地神像。镇罗营上营村，过去专门建有土地祠，尽管只有一间大小，可祠内供奉的土地神，还是泥塑坐像，且两边还有侍立的站像。

三是地方基层行政单位，相当于"里"。《左传》注："二十五家为社"。后来把志趣、信仰相同者结合的团体，也称为社。

四是社日、社仓、社学等省称。如《续文献通考》："另各府州县……民间幼童十五以下者，送社读书。"

我们文学社的这个"社"，大家一看就会明白，属于志趣相投者结合的团体之类无疑。共同的文学爱好，就是我们的志趣。结合在一起做什么呢？一起探讨文学，一起研究文学，一起练习文学写作，所以称作“文学社”。进行文学写作，大而言之，就是作家。对于各位同学，就是未来的作家。小而言之，叫文学爱好者。谁能说，在你们中间，经过努力，不会出现未来的李白、杜甫、巴金、冰心呢?

我们既然搞起了文学社，就要坚持。怎么搞呢?我想可以分讲课和采风两部分。

讲课。一是根据时间安排，我每两周为大家讲一次课，主要谈文学及写作，力争让大家对文学写作有个大体了解和基本训练。讲课时，大家要准备一个厚点儿的本子，随时做笔记。

二是经典作品阅读与欣赏，选择一些古今名家之作，以名家的朗诵视频、音频，一起鉴赏，以提高大家鉴赏水平。

三是写作与点评。鼓励大家写作，一般不出题目，不出内容，不限制体裁，大家尽情放开了写。每次写完后，由班主任老师先进行阅览、评点，选出几篇，我定期进行点评，以此提高大家写作的兴趣和能力，这是根本与基础，没有一个作家不是三更灯火五更鸡地写出来的。必须做到心中所有，而尽现于笔下才行，就是所谓心到笔到。反之，若心中有而笔下无，终究难以成为作家。

四是适时进行“说文解字”，主要针对发给大家的《情满石林峡》书中的一些字词，尤其用得不恰当的字词，进行解析，以提高大家遣词造句的能力。

采风。走出校园，全年拟进行两次采风，以提高观察能力。作家要学会观察，观察社会，观察人生，观察自然，林林总总，最后将观察所得纳入自己的笔端。

在此基础上，推荐大家的作品到平谷及北京的有关报刊。比如《东方少年》、《北京日报》“小苗”副刊、《桃花源》、《平谷作家》等。我们前两批文学社同学，有的作品在《北京日报》“小苗”副刊发表，有的收录《情满石林峡》等文集，也有的在区内征文中获奖。说到底，既是写作，就要努力发表作品，一个作家也就逐步为社会所认可，慢慢形成影响。而一个作家，最终要靠作品立身。建议老师关注是否有平谷、北京或全国作文大赛或有关征文活动，能够参与的努力参与。为大家展示才华、脱颖而出，创造机遇。

还要建立档案，凡是参加文学社的每一位学生以及负责相关工作的老师，有关简历、参加活动情况、所写的每一篇习作，都将保存起来，分别建档。当你们走出这个校门，走上了社会，将来也可能干出辉煌事业，也可能过着普普通通的日子，而这里有你们最初的记忆。如果哪位同学今后真的走上了文学之路，也要将自己的作品、文集赠送给文学社。应该说，每年都会有社员离开这个文学社，也会有新的社员走进来。久而久之，随着时间推移，这必将是一个极其珍贵的资料库。我们必须有立足于长远的眼光。根据写作情况，适当时机，也可以编辑一部文学社的优秀作品集出版，将大家的优秀作品保存下来，并推向社会。对才华显著的学生，我可以向北京的著名作家引荐，请他们予以指导。

这是我对办文学社所想到的，大家有什么好的意见、建议可以随时提出来，集思广益，以便把我们的文学社办得更好。大家的文学社，需要我们大家共同办好。能不能办得在校内、在区内乃至北京或全国具有一定影响，就看我们的坚持与努力了！

2017年3月28日星期二晚草，29日上午改，

2018年9月12日上午改，

2019年9月8日改，9月11日下午又改。

【阅读与欣赏】

核桃树下的王蒙

柴福善

王蒙，我景仰的作家。见到他，是在燕山脚下，他的山里人家。那是一道山洼，三面环山，独南面豁缺，敞向太阳与蓝天。村边有条小马路，一端通向山外世界，一端通向燕山深处。小村不过三二十户人家，王蒙的家坐落其中，墙挨墙，脊挨脊，不显山露水。我不晓得他几时来这里的，并精心构筑了心爱的家园。院里一棵核桃树，他指着说："打我住进来，这核桃树就猛长。"想来，一定是树借地缘，也借人缘吧。而今核桃树已尺把粗细，枝杈伸张，亭亭如盖，荫蔽大半个院子了。

他非常喜爱这座小院，就是主持人杨澜采访也要来这里。平时，他只要在京城，就一定会过来，即使远在异国远在他乡，心也时时惦念着。回来，一打开那扇门，一走到核桃树下，无论春雨夏蝉秋风，总使他遁入一种境界。"独坐深山忆旧时，心如明月笔如痴"，一人静静地坐着，没有任何尘嚣纷扰，天上地下，过去未来，悠悠思绪，便从心灵深处泛起。组诗《乡居》，写明月山后小憩而满天发光的星星；写有时流在石下，有时流在地上，沥沥潺潺溪断水仍连的山泉；写即使被山风劈成两股，也会再长出新的枝青叶绿的树；写垂下头来准备多年，请风尽情弹奏的风铃；写与他拉家常的小姑娘。尤其在《蝈蝈》中他写道：

试图去捕捉，
他不逃遁，
只是唱着，唱着，
即使落入手心，
歌儿也还没有唱完。

这些作品，明眼人一读，就读出一定是在这里写的，一定写的是这里，借助有形无形的意象，融注沉思默想，抒发几十年的人生情怀，展示丰富多彩的心灵自白。是这里，使作家进一步成为了诗人。当然，不仅如此，只有高一学历的他，也翻译外国作品，也写散文随笔，长篇小说“季节系列”第四部，就在这里搭好架子，写好最难的开篇，剩下的则让人物推动着情节，天南海北走着撂着写了，一直完稿于北戴河。他曾著文：“大作家在哪里也是大作家。”用于自观，倒恰如其分呢。

他喜爱这座小院，更喜爱这里的一山一水一草一木。写作之余，常常朝一道山沟无目的地走去，往往能够发现世人不曾发现的风景。想唐代柳宗元谪居永州，寻山问水，虽写下传之后世的《永州八记》，终因其境过清，不可久居。难怪，柳是罢黜遭贬无奈而去，他则是自觉自愿欣然而来，不可同日而语了。时代不同，地域不同，心境不同，虽然都是大家手笔，笔下却不尽相同。永州因柳宗元而千古不朽，或许这不起眼的小山洼，就因王蒙之笔而名扬天下。记得初冬时节，我陪他登山半日。择一山羊踏出的小路起步，几分崎岖里，山一步比一步深，一步比一步高。山间尽是果树，有手指般细的，才栽；也有腰杆般粗的，甚至树干成了空洞，便不知经历了多少春秋。一切都收获了，只有柿树枝头，摇曳着一个两个大盖儿柿，红得夺目，棵棵如此。他端详片刻："莫非纯朴的山里人，希望年年有余？"

他冲柿子一笑，拄着拐杖，继续前行。毕竟年近古稀之人了，虽然19岁就写下长篇小说《青春万岁》，但终究是流年似水，青春不再。山路一般崎岖的人生旅途，能留得住青春吗？想他少年时参加革命，1956年发表短篇小说《组织部新来的年轻人》，其格调清新朴实，语言生动尖锐，富有强烈的讽刺性和幽默感，引起社会强烈反响，一些报刊为此展开讨论争鸣，而文痞姚文元给他扣上了"站在党的敌对面反对官僚主义"的帽子。毛泽东主席闻悉，明确表态："王蒙反官僚主义，我就支持。我也不认识王蒙，不是他的儿女亲家！"还说"王蒙有文才"。应该说，是毛泽东主席的肯定，使单纯的他得以在突如其来的厄运前，受到保护。多少年后，一切烟消云散，尘埃落定，他谈起毛泽东，仍然动情地说："我很感谢老人家！"但是，最终他依然被打成了“右派”，而且是由组织最后“平衡”上的，时间是1958年，二十年的命运就靠这样的“平衡”决定了。他先是到京郊劳动改造，后携妻带子，举家迁往新疆。在伊犁那个地方，住在人家一个不足六平方米的仓库里，当地人从燕子在他小屋筑巢这个细节上，判定他不但不是坏人，而且一定是个心地善良的好人，便热心地邀请他搬到正屋，同主人一起居住。当地人这份温情与新疆地域的辽阔，渐渐融入了他的血液，使他性格更为洒脱，心胸更为开阔了。后来他草草盖了自己的家，因入冬才建好，潮湿，麦秸里有很多遗落的麦粒，和泥抹在墙上，升火着暖后麦粒纷纷发芽，墙上居然长出一根根嫩绿的麦苗，当然，它们最终没有长成小麦，不然，真要创造“奇迹”了。他在那里默默地劳动，不能再写什么，作为一名初露才华的青年作家，竟连钢笔都没有，需要写字时，伸手向儿子“借”，多么可悲！穷极无聊，那是生命最大的痛苦，死一样地活着与活着一样地死去。同接纳他的维吾尔族人大碗喝酒，沉醉于浑浑噩噩的梦里，同他们一起唱和《黑黑的眼睛》。那是一首万分依恋的歌，一种永远思念却又永远得不到回答的爱情，一种遥远的、阻隔万千的呼唤，是那样刻骨铭心。生活是沉重的，有时甚至是荒芜的，然而他们的歌是热烈的，是益发动情的。他跟着每一句的尾音相和，吐出胸中无限块垒，却总觉跟不上那火热的深沉与寥廓的寂寞。一声“黑眼睛”，双泪落君前！他们一唱，他的泪就流出来了。及至现在，只要一听到哪怕小小的一声，他也能从万千音响中辨识出来，毕竟是他唯一的又喜爱又熟悉又至今唱不成调的歌儿！其实，不论个人遭遇如何，他从来相信生活是美好的与广阔的。因此，即使在逆境中，他对生活对未来，也从来没有失去信心，从来不让自己往死胡同里走。“我要是想不开，早跳楼了。”冲我淡然一笑，二十年的厄运尽付这一笑中，而俯仰之间，一切早成陈迹。

山不知走了多远多深，每走一程，就有一程的境界，山石林木天造地设的图景，鬼斧神工的自然造化，总让人惊叹画也不如。惊叹之余，我这四十多岁的脚力都感觉累了，他依然兴致勃勃，不时地扬起拐杖，指点江山。我却指着一块石头：“您歇歇吧。”他拍拍坐下，喟叹一声：“廉颇老矣，尚能饭否？”是慨叹青春焕发、欲有所作为却被打入生活底层的二十年，还是慨叹复出后奋力拼搏、二十年又倏忽流逝？不待我多想，他又话锋一转：“什么地方不能歇得！”苦难噩梦中新疆的小泥屋里歇得；1979 年回到北京，在夏衍曾住过的小院，亲手植花种树，花香果香里依然歇得；而在这山里人家，无需养鸟，自有鸟语盈耳，无需挂画，自与自然相接，徜徉其间，更是歇得！特殊的人生经历，造就了他乐观豁达的性格，乐观豁达中却不失机智的幽默。他立身绝顶，侧身下眺小院，左手背拐杖于后，右手搭凉棚于前：“这样，像《西游记》里的孙悟空么？”在像与不像之间，我乘机拍下这转瞬即逝的情景。这张照片他很喜欢，以至收进了他出版的《我的人生哲学》书中以及中央电视台拍摄的《大家·王蒙》纪录片中。闲话时，他谈起小院的奇闻逸事：“屋有一百多颗杏核，趁我不在，耗子们一颗颗全叼到我枕头里，可能以为找到了一个极好的仓库。气得我在屋里放上粘耗子的帖儿。耗子真精，再也不来了，八成儿发现形势不对。”我被这份幽默不由自主地逗引笑了，他也会心地笑了。

望着那轮虽已偏西却依然灿烂光明满山的太阳，我们下山了，回到了他无时无刻不深深眷恋的小院，回到了那棵他情有独钟的大核桃树下。他欣然告诉我，核桃树春天开了好多花，一串一串的，秋天结了好多果，一嘟噜一嘟噜的。其实，他自己何尝不是如此呢？从写《青春万岁》时，就苦苦思索，放弃故事主线，探索文体创新。如果说，是对生活的热爱而使他走向了文学，那么，自他走向文学的那一天起，在中国文学和世界文学面前，他就没想画地为牢，而是以敢为天下先的精神，努力开拓艺术空间和精神空间。一个作品之所以有存在的价值，一个作家之所以有存在的价值，其中一个重要原因，就在于这个作品和这个作家有异于其他作品和其他作家。他重返文坛后，依然坚持自己的追求，包括意识流等在内的现代派小说实验，使他成为中国文坛上空一只翩翩的蝴蝶，一个高扬的风筝。应该说，他 21 岁时写《组织部新来的年轻人》，追求的是一种革命的、道德的理想主义，是一种青年的单纯，而经历了四十年风风雨雨之后，追求的则是一种公正、和谐与适度的宽容了。他精心构筑了季节系列《恋爱的季节》《失态的季节》《踌躇的季节》《狂欢的季节》4部，作品中所映照出的，是我国巨大变化中的一段历史。而历史不能老是重写，这恐怕是天心民意，也是作家笔下神圣职责。最近，他出版了长篇新作《青狐》，在文坛引起极大轰动。而人民文学出版社又隆重推出他二十三卷本《王蒙文存》，可以说，是他文学出道以来的集大成了。而随后，作家出版社又推出他用五年心血写成的长篇小说《尴尬风流》，被认为是探索中国人之“心”的一部奇绝大书，着实正强劲地“风流”着中国。读先生作品，感觉先生对人生对社会对世事，真的是看透了，看开了，看明白了，想说什么就说什么，想怎么说就怎么就说，不再拘谨于时，不再顾虑于世，似乎已然“彻悟”了。人道先生“至愚”也好，“至神”也好，“从容”也好，“潇洒”也好，“睿智”也好，总之人活到这个份上，算是真正活出味儿来了。

世人公认王蒙的，或许首推小说，他自己也是把百分之九十的精力，用于小说创作。可我觉得，他记叙人物的散文与评价作家作品的评论及其他一些随笔，活跃而深刻的智慧，机智而幽默的思辨，使其产生一种与众不同的叙述方式，放射出与众不同的文化华彩。如《我心目中的丁玲》《不成样子的怀念》《周扬的目光》等，在他整个文学创作中，我不敢说与他小说比肩，起码应该具有重要位置的。而那本《我的人生哲学》，该“哲学”了多少读者；才出版的自传三部曲，展示了他非凡的一生，被誉作“一个人的‘国家日记’，一个国家的‘个人机密’”。近读《王蒙自传·半生多事》时，忽闻网上因先生自传而引发“汉奸”父亲风波。至于因此而引起的“先生父亲原是汉奸”的风波，是非曲直，历史已经早有结论。有人以小说等的只言片语，断章取义，实属恶意解读。先生以坦诚而碰到了“阴暗”，自是无须介意，读者自有公论。

我曾想，王蒙对于文学的沉迷，对感情和语言的沉醉，当是与生俱来的，也是无法挥之而去的。所以，他才把做三年文化部长称为“服兵役”，骨子里他是不可能完全变成一个规规矩矩的行政官员的，最终必然还要回归到作家文学这条道上来。迄今为止，他已创作出千万字作品，被译成几十种文字在世界各地出版，可谓硕果累累，著作等身了。而七十岁后，他又转而研究老庄，说“老子的帮助”也好，“与庄子共舞”也好，其实都是在“帮”自己，“舞”自己，要不他怎说是“老庄注我”呢？他的作品，走了比他自己走得更远的路，走进了许多他没有机会走进的房子，拥抱了许多他还没有机会结识的朋友。这应该是他的幸运，甚至有人尊他为“大师”，他更是摆摆手，一笑了之。

站在核桃树下，他向我挥手道别。记得孙犁说过：“文人宜散不宜聚。山居野处，方能出成果。”而不被名利缠绕，远离浮躁，于静寂之中，潜心创造无愧于人民无愧于时代无愧于自己的精品，或许，这正是他安家于山乡的初衷吧。

2003 年 4 月 6 日改，2004 年 3 月 7 日再改，
2006 年 7 月 6 日又改，2010 年 11 月 19 日再改，
20 日又改，2013 年 11 月 7 日改。

阅读的能力和方法

——写作的阅读

我们常说，读万卷书，行万里路。这是明代书画家董其昌在《画旨》中说的：“画家六法，一曰气韵生动。气韵不可学，此生而知之，自然天授。然亦有学得处，读万卷书，行万里路，胸中脱去尘浊，自然丘壑内营……随手写去，皆为山水传神。”实际上，无论读书，还行路，都是丰富自己。

我们今天就谈谈读书。“读万卷书”，说好说，真读起来，于古于今，恐怕都不是很容易的事情，“三天打鱼，两天晒网”“浅尝辄止”，是不行的。一个人要想成就一番事业，包括写作，是需要持久坚持乃至终身读书学习的，来不得半点虚假。唱戏讲“台上十分钟，台下十年功”，也是这个道理。写作亦如是，肚子里有没有货真价实的东西，在所写的作品里是可以直接反映出来的。如果肚子里没东西，写起来必然捉襟见肘，做不到左右逢源，信手拈来。

我常想，读书就要有阅读能力，而阅读能力是需要培养的。不是说大家不懂得阅读，不知道阅读，只是感觉现在影响读书的因素太多。主要一个是电视，几十个频道，让人瞧不过来。有时社会信息量太多了，也会使人很累，甚至无所适从。二是网络，现在城里抑或乡村，几乎家家都可上网。网络缩小了这个世界，还有近年流行开来的微信，地球那边发生的事情，即刻可以传到地球这边来。网络或者微信里垃圾的东西很多，不健康的东西也很多。这既是了解大千世界的一个重要窗口，可同时也是一个陷阱，稍不注意就会陷下去。这一切，不能不直接或间接地影响到我们的阅读。过去人们读书讲究“三到”，即口到、眼到、心到。“口到”就是读，“眼到”就是看，“心到”就是思。只有不仅用眼，更用心去读，才能把我国悠久的历史、博大精深的文化，当然也包括国外的优秀文化，记忆在脑海里，融化在血液中，才能更好地利用、借鉴与传承。

对于阅读，我想有三种能力需要培养。一是阅读力，这是写作者必不可少的一种能力。不大量阅读古今中外的优秀作品，你怎么去写作呢？比如乐器，古人讲操千器而知声，写作也是这样。书读多了，慢慢就知道文章怎么写了。常言“熟读唐诗三百首，不会吟诗也会诌”，就是这个道理。古往今来的大作家，如屈原、苏轼、曹雪芹、鲁迅、巴金等，往往是大学者、大思想家，不仅著作等身，也一定是学富五车。在这里，我只想问：你们对于自己喜欢的文学书，又读了多少？

二是领悟力。所谓领悟力，就是领会、理解、感悟的能力。读作品，要善于领会作者表达的思想意图，善于总结作品的艺术手法，探求艺术规律，而且要能够触类旁通，举一反三。如果你领悟力强，就会在阅读中善于思考，滋润自己，从而自觉提高写作能力。如果阅读中不能够很好地领悟，甚至不领悟，只知一味地低头读，读得再多，就是读尽天下之书，充其量也只是个书虫而已。因为并没有所得，将所读东西，又一股脑地还给书了。就像古书中那虫子，久而久之，可以将书本嗑透，满文书籍都嗑成洞眼儿（图 4），可虫子还是虫子，终究成为不了学者，更成为不了作家。

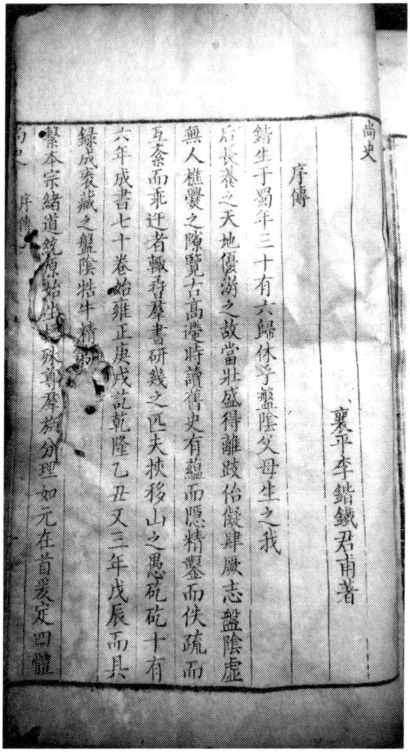
尚史
襄平李鍇鐵君甫著
序傳
鍇生于蜀年三十有六歸休于盤陰父母生之我
后長養之天地優游之故當壯盛得離跂佁儗肆厥志盤陰虛
無人樵爨之隙覽古高遰時讀舊史有蘊而隱精鑿而佚疏而
互紊而乖迕者輒吞舉書研幾之匹夫挾移山之愚矻矻十有
六年成書七十卷始雍正庚戌訖乾隆乙丑又三年戊辰而具
録成衰藏之盤陰將牛精[illegible]
繫本宗緒道統原始[illegible]殊尊[illegible]分理如元在首爰定四體
尚史 序傳

图 4　清乾隆三十八年（公元 1773 年）悦道楼刻本李锴《尚史》残本

三是应用力。说到底，读书不止为读书，读书是为学以致用，过去的所谓修身齐家治国平天下。就写作方面而言，我们读大家的作品，感觉字里行间都是学问，作品具有深厚的文化底蕴，不仅影响当世，更会流传后世，比如《三国演义》《红楼梦》等，莫不如此。如果你读书再多，而不能在写作中恰到好处地运用，那你写的东西就会显得浅薄，不厚重，没有底蕴。你所学的东西，就只待在你的肚子里，成为不能够发挥作用的死知识。那样就是死读书，读死书，为我们所不取。比如战国时赵国赵括，尽管熟读兵书，但也只会纸上谈兵，最后战败“坑”了几十万赵国儿郎，导致赵国灭亡。所以，一个写作者，一定要能够把自己的所学以及生活的积累等，充分地调动且运用起来，用好用活，所谓“活学活用”才成。这样，才能使作品写得更好。

古今中外，书籍浩如烟海，每一个人的时间、精力有限，不可能什么都读，只能根据自己的需要、自己的爱好读书，努力读出乐趣，读出真味，甚至读出一个自己来。现在的书，往往鱼龙混杂，鱼目混珠，有精品书，也有劣质书。我觉得，大家一定要注意选择好书精品书来读，不要为那些杂七杂八的东西而浪费自己的大好时光。

究竟读什么书，怎么读？首先要博览，也就是说，要有一定的阅读量，这样你的知识才会有广度，才会有厚度。在此基础上，还要注重精读。也就是说，读书要有一定的深度，所谓“学贵精，不贵博”。这种精读，就是读经典，就是读大家的作品。

对大家经典之作，要一遍遍反反复复不厌其烦地读，甚至隔一段时间再读，隔几年再读，真正读出韵味，读出精神来。北宋初年，有个宰相叫赵普，他有“半部《论语》治天下”之说。他真的就读半部《论语》吗？应该不是，只能说他一定是把《论语》读透了，读得融会贯通，用于齐家治国平天下了。作为一个写作者，尤其需要这样的精读。我希望大家都能精读一些自己喜欢的大家经典之作，大家一定会深受其益。

在这里，我想对大家说一句：有书要早读。不要等待，早读早受益，多读多受益，不读自然不受益，对于写作尤其如是。过去有首歌谣：“春天不是读书天，夏日炎炎正好眠。秋有蚊虫冬有雪，要想读书待来年。”是说有人不爱读书，还为自己找借口。清代诗人袁枚在《随园诗话》写道：“余少贫，不能买书，然好之颇切。每过书肆，苦价贵不能得，夜辄形诸梦寐。曾作诗曰：‘塾远愁过市，家贫梦买书。’及做官后，购书万卷，翻不暇读矣。有如少时，牙齿坚强，贫不得食；衰年，珍馐满前，而齿脱腹果，不能餍饫（yàn yù，满足口腹），为可叹也！”读书是个日积月累、潜移默化的过程，不是一朝一夕之事，大家要以此为鉴。从现在起，我们就注意读书，坚持下去，不仅对写作，也一定会终生受益。

读书又有什么方法？方法可能很多，每个人也可能有每个人的习惯方法。我从小至今，经常用的一个方法，就是“抄写法”。

我在读书中，每每看到书里喜欢的格言、警句、精彩的段落，一定随手划下来，甚至随手抄下来。这些年来，我积攒了一两万册、十几柜子的书，一般常用的书几乎家里都有，无须去借。记得小时，家里没有书，借书来看。读到好的词语，好的句子，好的段落，就准备一小本子，随手摘抄。而且注意“词语”“警句”“风景”“人物”等分类。可以说，我读书就是从“抄”开始的，以至形成了一种习惯，读书时必须拿着笔，或往本上抄，或往书上划，不动笔墨不读书。而用心抄写一遍（图5），有时比

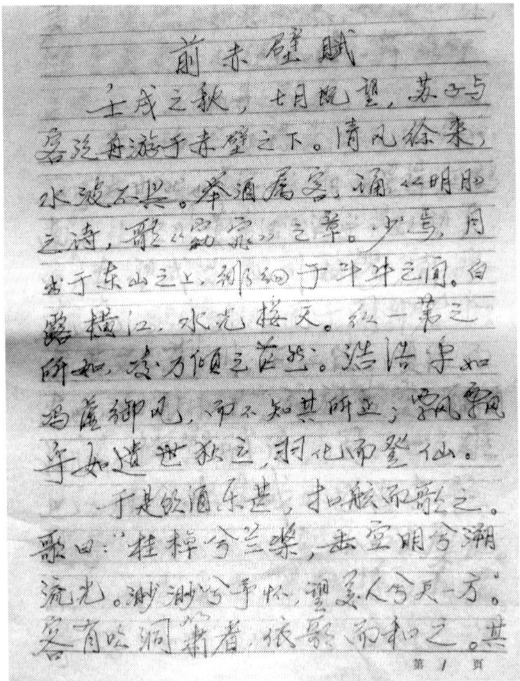
前赤壁赋

壬戌之秋，七月既望，苏子与客泛舟游于赤壁之下。清风徐来，水波不兴。举酒属客，诵明月之诗，歌窈窕之章。少焉，月出于东山之上，徘徊于斗牛之间。白露横江，水光接天。纵一苇之所如，凌万顷之茫然。浩浩乎如冯虚御风，而不知其所止；飘飘乎如遗世独立，羽化而登仙。

于是饮酒乐甚，扣舷而歌之。歌曰：“桂棹兮兰桨，击空明兮溯流光。渺渺兮予怀，望美人兮天一方。”客有吹洞箫者，倚歌而和之。其

第 1 页

图5　柴福善1987年1月手抄苏轼《前赤壁赋》一页

读几遍记得还深刻，理解还透彻。直到现在，我也是见到好的语言、诗词等，依然会随手记下来，有时间就仔细品味。不过，“抄”终归是一种最笨的办法。可不下笨功夫，世间什么事儿又有捷径可走呢？

2017年6月3日晚草，4日改，

9月11至12日改定，

2018年9月25日又改。

【阅读与欣赏】

我们说了，讲课大致分为四个板块：一是结合我的写作体会，讲授写作的基本东西。二是“我的点评”，对大家所写的作文，选择一些有代表性的，不定期进行全面分析点评。三是“阅读与欣赏”，主要选一些古代最为经典的优秀诗文作品，配合名家朗读，简单进行解析，以逐步提高大家的阅读与欣赏的能力。我们现在新编的语文教材，据说也是增加了优秀古诗文作品的数量，而我们的做法，应该是契合了新编教材。四是“说文解字”，结合《情满石林峡》书修改、校对中的问题，重点对字词包括标点，分析具体事例，以使大家今后作文中注意。

这么做，就是让大家能够体会美感，提升语感，以提高欣赏与写作能力。当然，我想这一切，也是要为着立德树人这个根本目的。

柳宗元（公元773—819年），字子厚，河东（今山西芮城、运城一带）人，唐代文学家，世称“柳河东”“河东先生”，因官终柳州刺史，又称“柳柳州”，与韩愈并称“韩柳”。

柳宗元一生留诗文作品达600余篇，尤以文著称于世，故被后人列为唐宋八大家之一。

唐宋八大家，又称唐宋古文八大家，包括唐代韩愈、柳宗元，宋代的欧阳修、苏洵、苏轼、苏辙、王安石、曾巩，为古文革新做出了贡献。

唐永贞元年（公元805年），柳宗元因拥护王叔文改革，被贬为永州司马，后再贬柳州。贬谪中，他寄情于山水，以抒发情怀。这些文章，已成为后世山水游记的模山范水之作。在永州，柳宗元写了8篇游记，后称《永州八记》，《小石潭记》是其中第四篇。

其写作特点一是层次清楚。全文以先后顺序记叙，且采用移步换景手法，使文章条理分明。

二是描写逼真。观察入微，描写细致。以精炼语言，轻轻点染几笔，就勾勒出鲜明图景，使我们仿佛身临其境。如“潭中鱼可百许头，皆若空游无所依。日光下澈，影布石上，佁然不动；俶尔远逝，往来翕忽，似与游者相乐”。潭水游鱼的描写尤为精彩，堪称绝笔。

三是寓情于景。描写中情景交融，将景物打上了感情色彩，使文章创造的境界更为鲜明可感。如“四面竹树环合，寂寥无人，凄神寒骨，悄怆幽邃。以其境过清，不可久居，乃记之而去”。这种心境，无疑与他被贬有关。知此，我们才能更好地理解、体会文章的意蕴。

小石潭记

柳宗元

从小丘西行百二十步，隔篁（huáng）竹，闻水声，如鸣佩（pèi）环，心乐（lè）之。伐竹取道，下见小潭，水尤清冽（liè）。全石以为底，近岸，卷石底以出，为坻（chí），为屿（yǔ），为嵁（kān），为岩。青树翠蔓（màn），蒙络（luò）摇缀（zhuì），参（cēn）差（cī）披拂。

潭中鱼可百许头，皆若空游无所依。日光下澈（chè），影布石上，佁（yǐ）然不动；俶（chù）尔远逝，往来翕（xī）忽，似与游者相乐。

潭西南而望，斗（dǒu）折（zhé）蛇行，明灭可见。其岸势犬牙差（cī）互，不可知其源。

坐潭上，四面竹树环合，寂寥（liáo）无人，凄神寒骨，悄（qiǎo）怆（chuàng）幽邃（suì）。以其境过清，不可久居，乃记之而去。

同游者：吴武陵，龚（gōng）古，余弟宗玄。隶（lì）而从者，崔氏二小生：曰恕己，曰奉壹。

附

旅途中我做的三件事

我们举办文学社，搞讲座也好，点评也好，阅读欣赏也好，采风也好，办刊物也好，参加比赛也好，说到底，还是要能够激发大家的写作热情与情趣，提高大家的写作素质，从而写出好的文学作品。当然，究竟能够做到什么地步，需要我们共同努力，尤其每位同学的努力。毕竟写作是个体劳动，自己不动手写，别人替代不了。瞅着别人写，自己提高不了水平。就像吃饭，瞅着别人吃，自己的肚子永远饱不了。这就要求文学社的一切活动，都要围绕着“写作”这个中心来开展。所以，我们下次活动，安排去石林峡采风，希望大家能够写出好的文章来。今天我要讲的，就与采风有关，题目是《旅途中我做的三件事》，供大家参考。

常言说，读万卷书，行万里路。上面讲了，这是明代书画家董其昌在《画旨》中所说：“画家六法，一曰气韵生动。气韵不可学，此生而知之，自然天授。然亦有学得处，读万卷书，行万里路，胸中脱去尘浊，自然丘壑内营……随手写去，皆为山水传神。”我们写山水游记，就是为山水传神。这里，所谓“读万卷书，行万里路”，无论是读书，还是行路，我理解就是努力丰富自己的人生阅历。对于一个作家而言，尤其对于一位散文作家和诗人而言，缺一不可。像李白，走了好多地方，也一定游历了燕山，才留下“燕山雪花大如席”的不朽诗句。不到燕山，不亲自感受了燕山雪，是绝对写不出这样优美、豪壮的诗来的。因此，不多读书，就缺乏知识，缺乏学识；不多行路，就缺乏见识，就眼界狭窄，就形如井底之蛙，心胸定然缺少阔达、浩然之气。

今天，我们不谈读书，只谈行路。

这些年来，有意无意中，我走了全国大部分省市，只有三五个省市还没有去到。当然不是说每个省市全部走到，而是说这个省市我去了，且走了一些地方。像台湾，走了10天，沿着台湾岛转了一大圈儿，日月潭、阿里山，岛东边的太平洋，能看的几乎都看了。像山西、陕西，不止三次五次去，因为山西地上古建筑、塑像等在全国著名；陕西过去，秦、汉、唐等都在那里建都，地下遗址、墓葬尤其多。以致形成一句俗语叫：“地上看山西，地下看陕西。”我是准备几年内，把没走过的几个省市继续走完。比如六月，就打算去西藏看看。海拔三四千米，过去一直没敢轻易去。今天我们去哪里，可以坐飞机，坐火车，三五千里不算什么。就是飞到地球那边，也不过一两天时间。甚至上月球、上火星，都应该不是遥不可及的事。要搁古代不行，骑着个毛驴出游，一天走不了百八十里。再说，也不能一劲儿走，沿途还要看看风景。所以，古人真走上万里，确实不是件容易的事，所以才有“行万里路”之说。这也算古人追求的一个目标，达到的一个人生的境界。

借助于飞机、火车的脚力，我走了肯定不止千里万里了。为了写作，在旅途上我重点做了三件事：

一是记录。每次出行，我随身都要带着笔和本，从一出家门就开始记，一直记到回转家门。有些像流水账，几点出来，几点坐车，几点到了哪个景点，几点回到宾馆，是晴天是阴天，事无巨细，尽记笔下。当然不止这些，面对过去从未看过的风景名胜，要仔仔细细地看，看时生发什么感想、感悟，即景蹦出的一些好的语句，随手记下来。尽量不要过后补记，更不能不记。好记性不如赖笔头，何况人脑不是电脑，存储里边就永远在那儿。这些感想、感悟，这些精彩的语句，可能稍纵即逝，有时眨眼间再想就想不起来了，更甭说等以后想写再冥思苦想地追忆了。每次我都会记满厚厚一本（图 6），回来准备写什么风景或名胜，再仔细整理研究。比如，我去新、马、泰三国，这是我第一次走出国门，满眼新鲜，回来将笔记整理，最终写出一本《三国见闻录》。

二是照相。我自己准备了一个小傻瓜相机，出行时随身携带。面对一个风景名胜，我是从大门就开始拍，特别那些使我有所触动的景色，哪怕是一块石头，一只飞鸟，一缕白云，我会一拍再拍，从不同角度，或远或近，不会放过眼睛捕获的任何一个精彩的瞬间（图 7、图 8）。同时笔下会及时记述下来。笔下所记，与相机所拍，是一致的，相辅相成的。终究笔下所记，是抽

图 6　我在杭州西湖边，边看边记录心中感悟，以便回来后写作（2007 年 9 月）

图 7　云南大理崇圣寺三塔（摄于 2005 年 11 月）

图 8 甘肃敦煌鸣沙山（摄于 2007 年 7 月）

象的，不可视甚至不可感的；而相机所拍，则是形象的，可视的，甚至可感的。等回来写时，照片与文字就会同时激发我的灵感，撞击我的心扉，使这一切可以绘声绘色、绘情绘景地尽情展现于笔端。而不至于干枯滞涩，缺乏文采，没有韵味。文章发表时，也可以配以相应的图片，使之图文并茂，丰富读者视觉与感触。

三是买书。到各地出游，同去的人往往会买上各地带有特色的土特产，大包小裹地带回来。我呢，是一路行走，一路买书。在摊上正挑着薄薄厚厚的书，抬头一看同来的人走远了，顾不上精挑，赶紧选一摞，催着算账，连价儿都顾不上砍。现在的书往往标价是很贵的，抄起来就三五十，甚至百八十。我一个行程，要买上一两兜子书，每回都花上一两千元。之所以要一路沿途买书，是因为书的流传不仅有时效性，往往还有地域性，那个地方的书，可能只在那个地方才有，过了那个地方，再想买或许就不容易寻找到了。现在有时候需要的书网络上有，如孔夫子旧书网，可以淘购，要知过去没有网络的时代不行啊。曾有过一时没买，失之交臂，而时过境迁，再难寻觅，以至后悔不迭的教训。比如，去台湾，就买了许多写台湾的书，看看台湾人怎么写台湾，台湾的历史，台湾的文化，描写台湾的诗歌，台湾的散文。另外，作为图书收藏，台湾书的版本，也具有收藏价值，毕竟台湾原版书不易得到。这些年，我慢慢积攒了一两万册书，其中这些各地的书就占了两柜子（图9）。回来写文章时，在翻阅笔记、翻看照片的同时，仔细阅览这些书籍，一方的风土人情，或一处

图9　买自全国各地的书籍（部分）

风景名胜的历史文化，融入笔端，从而使笔下的文章，不仅写出文采，写出韵味，更写出厚重的底蕴。这样的文章，才能成为一篇好的美文，读者也才耐看。

我在旅途中，主要就做了这样的三件事，而且一做就这多年，至今仍然如是。说到底，这么做就是为写作积累素材。如果没有素材，就很难写出作品，更甭说优秀作品，巧妇难为无米之炊。有了素材，回来后，慢慢静下心，一笔一笔、一篇一篇地写。写了，就去发，先后在《人民日报》《北京日报》《中国文物报》《散文》杂志、《北京文学》等多家报刊，发表了400多篇散文。我国著名评论家曾镇南先生，看了我的游记散文，撰文评论，认为："游记散文中，历来有追求空灵缥缈，轻轻一点，生发无穷的一类的写法，也产生过不少美文名篇，但我以为，正宗的或比较纯粹的游记散文，当以善于制形写物、精描细绘为胜。前人评说徐弘祖的游记说：'吾于霞客之游，不服其阔远，而服其精详；于霞客之书，不多其博辨，而多其真实。'这是深谙制形写物、捕其精妙之难者的透辟之论。也只有从这个角度，才能准确估量柴福善在游记散文写作方面长期投注的心血，锻炼而成的功力。"这里提及的徐霞客，为明代地理学家、旅行家和文学家，著有《徐霞客游记》，影响海内外。我深知自己所写的这些文章，怎能与霞客游记相提？先生意在警策我。

文章千古事，甘苦寸心知。以后我会找一些我的散文给大家，有兴趣的可以随意看看，并请诸位老师和同学指教。

2017年4月11日草，12日改，

2019年2月26日又改于善书斋。

要学会及时做笔记

——写作的笔记

我们今天讲“写作的笔记”，之所以讲这一课，是看大家习惯于专注地听讲，而不太习惯动笔做笔记。我不知道学校老师怎么要求大家的，我觉得笔记还是要做些的，能够详记就详记，能够略记就略记，记总比不记好，所谓好记性不如赖笔头。这是我多年写作的体会和形成的习惯。对于写作而言，注意做笔记，就是一种很重要的写作积累。所记的这些，将来有可能会成为某篇作品的一部分，甚至一篇作品的雏形与基础。十多年前，我去新马泰（图 10）三国，游历一遭，十多天光景，记了一大本笔记，一路的所见所闻所感，回来仔细整理，写成一本十多万字的《三国见闻录》。我敢说，没这本笔记，就没有《三国见闻录》这部书稿。所以，记笔记很重要，绝非可记可不记。

我想，大家不妨就从现在开始做笔记，当大家有一天离开了文学社，回顾在文学社的日子，是不是这每一个日子都有记录？为此，大家不妨准备一个专门的厚点的本子，最好别今儿一张纸，明儿一个片儿，或者就几页薄薄的练习本，记得到头不到尾地，完了一扔。这个要求，只管我为大家讲课和文学活动及与之有关的文学写作的时候。也就是说，大家正常该上课一定还按照老师的要求去做。

图 10　我欣然坐在大象牙上（2007 年 9 月摄于泰国）

写作笔记，一定要记得及时。所谓“及时”，就是要随时随地，需要记时，拿出笔本就记。当时不记，过后回忆，总有回忆不全或不准甚至错误的地方。尤其有些细节，有些思想，有些语言，只有当时随手记下来，才更具体生动。这就是“及时”，尽量不要做时过境迁，补记追记。过后再使劲想，可能也想不了那么样，甚至想不起来了。

我们说写作的笔记，又该记什么呢？我想主要有三个方面：

课堂上所讲

我每次在课堂上，或者采风中，讲的一些东西，尤其课堂上专门就写作讲的内容，大多是我这多年写作中积累的体会、感受、经验、教训，讲给大家。这些东西，也许没有更深的理论，但一定是我的感悟。倒也不是我对文学理论、文学史没有接触，没有研究，只是觉得这样深入浅出，以谈我自己的东西为主，让大家能够更好地理解，且希望对大家初学写作，能够有所启示、启发，有所指导就好。

大家记的时候，如果笔速快，可以记得详细些；如果笔速慢，可以记得简略些。总之，无论详细还是简略，起码把所讲的重点、要点能够记下来，在当堂加深理解的同时，更便于课后温习、消化、掌握。每次所记，一提溜，从题目到要点、重点，就是一篇清晰、完整的大纲。细致的，再记些关键的语句，就会更丰富更具体更系统了。

生活中所见

大家从小到今天，十几年间，无论生活于山村，还是平原，还是城市；无论生活略微富裕，还是略微贫寒；无论是独生子女，还是有兄弟姐妹，各自所经历的生活，一定是不同的，就像世间没有完全相同的两片叶子一样，哪怕是一棵树上的叶子，也不会有完全相同的两片叶子。这就决定了每个人，都有属于自己的生活。而这些生活，一定是丰富多彩的，生动有趣的，不是单调呆板，乏而无味的。而文学写作，说到底就是写生活，而且是写属于自己的生活。这样写出的东西，才能具有自己的特点，才能不同于别人。

大家平时在生活中，注意把有意思的事情，有意思的语言，有意思的思想，有意思的场景，随手记述下来。而这种事情、语言、思想、场景等，往往是鲜活的，生动的，而不是干瘪的，死性的，一定是具有生命力的。一旦写作，能够将其恰当地运用，写东西就一定会左右逢源，笔下如清泉，汩汩流淌，而不至于没东西可写，更不至于文思枯竭。写出的东西，也会是丰满的，传神的，有底蕴的，有韵味的。这个过程，说到底，就是为写作积累素材的过程。一个写作者，素材积累越丰富，写起东西来就会越顺畅，更不愁没得可写，就不至于只知道坐那儿愁眉苦脸冥思苦想搜肠刮肚地连编带纂了。

心底里所思

面对一些事物，一些情景，一些人事，乃至一朵小花，一棵小草，或者别人一句话，一个眼神，都可能触景生情，激发一些所思所想，所感所悟。就像唐朝大诗人杜甫《春望》诗所写："感时花溅泪，恨别鸟惊心。""安史之乱"下，杜甫感时伤世，看到花开而落泪，听到鸟鸣而心惊。所以，一旦萌发了这些所思所想，所感所悟，最好能够及时记下来，哪怕三言两语、草草记上也好。如果不及时捕捉住，这些灵光一现的东西，很可能稍纵即逝，一逝就可能如风过耳，无影无踪，甚至痕迹皆无，想再捕捉也捕捉不及了。

而这些所思所想，所感所悟，往往由此就会生发一篇散文，或者一首诗歌，或者一篇小说，成为这些作品表现的主题，或者阐述的思想，或者故事的内核。即使一时用不上，记述下来，也是自己人生思想的一个轨迹。久而久之，就会成为自己心路历程的真实记录。

这是针对我们的现在，我讲做笔记的内容的三个主要方面。当然不止这些，比如读书笔记等，以后大家形成习惯，根据兴趣，可以慢慢在学习生活中扩展、丰富。我感觉，经常做笔记，还有一个重要作用，就是练笔。写作就是写生活，也是写语言，坚持天天写，笔就不生，所谓熟能生巧。只有这样，才能真正做到把眼里所见，心中所想，切实地自笔下表达出来，所谓眼到心到手到，不至于眼高手低，这是写作的一个基本功。而最重要的，我是想通过这些事情，让大家有主动意识、自觉意识乃至创新意识，彻底改掉那种被动意识，这才是根本。请大家记住：从长远来看，我们写作，可以写生活，写社会，写人生，写风景等，可写作终归是个人的事情，是需要自己主动去写，而且写别人没写过的东西，尤其是从日常生活中、从习以为常的细节中，看到别人没看到的东西，想到别人没想到的东西，写出别人没写出的东西。我们如果有志于写作，有志于成为一个作家，甚至成为大作家，就要从现在起，自觉树立这种意识。

今天就讲这些，讲完了也要看看立竿见影的效果，大家是不是真的听进去了，理解了，记住了，甚至学会了，不妨找一两个人读读自己的笔记，大家听听如何。

2017 年 5 月 5 日草，6 日改，9 日再改，

2018 年 10 月 1 日上午改于北杨家桥，

3 日中午再改，10 日又改，

11 月 28 日，晨改定于善书斋。

【阅读与欣赏】

京东石林峡，位于黄松峪乡，距平谷城区20公里，以石、峡、水、峰、林构成石林峡独特景观。这里的石林高峻陡峭、片片根根直立，九瀑十八潭点缀其中，如天然画卷，颇具北方之壮美，又显江南之秀丽。

这篇文章，是我十多年前写的，当是一篇游记散文，发表于《北京日报》副刊，后又多次修改。石林峡景区请著名播音员赵忠祥朗诵，并拍摄成风光片，在景区每天滚动播放。同时，请著名书法家翟德年先生以楷体书写，予以出版。

大评论家曾镇南先生为我的散文集《两栖集》写评论时，自己专程游览石林峡，回去后对我说：你写的都是真的。先生写道："我以为，正宗的或比较纯粹的游记散文，当以善于制形写物、精描细绘为胜。前人评说徐弘祖的游记说：'吾于霞客之游，不服其阔远，而服其精详；于霞客之书，不多其博辨，而多其真实。'这是深谙(ān)制形写物、捕其精妙之难者的透辟之论。也只有从这个角度，才能准确估量柴福善在游记散文写作方面长期投注的心血，锻炼而成的功力。"也就是说，把眼中之物，心中之景，写真了不易，是需要真功夫的。

下次我们将去金海湖看红叶，看完红叶也要写的。所以，这次让大家看看这篇游记散文，以为参考。

石林峡览胜

柴福善

云南石林，早已闻名天下。京东平谷几时也拱出了石林，似前所未闻。当我专程驱车前往，置身峡谷，竟流连而忘返了。

想这里是燕山余脉，或许燕山隆起的刹那，不经意一抖，就抖出这道深深的峡谷，任太阳下老去的时光慢慢沧桑，一直沧桑到今天，让我尽情观赏。

观石。幽幽峡谷里，散落着大大小小的石头，填充得峡谷不再空旷。而石上时有或繁复或简洁或富丽或质朴的纹饰，真以为是哪位大家手笔的墨迹，其实是时光沧桑的痕迹。一方大石，不知从何处滚落，滚落中恰被一棵不大的树随意一抵，石借惯势下倾，树依定力上挺，瞬间倾挺为一种平衡，也就平衡成绝妙风景。又一石更大，中间齐茬茬断作两截（图 11），如此巨石应天力所断，而非人力所为。但见断裂的石缝窄窄，有人好奇地穿来穿去，以此为趣。我不去穿，总担心两半石一时心血来潮骤而合一，若躲闪不及，再想出来大概要等地老天荒了。

观水。那些支支楞楞的石头，大也好，小也罢，说到底，全是大山的分化。大山更悉心地淌出清泉涓涓滋润，也许是希望这些石头再生长出一座座超越自己的山来。怎奈石愚顽不化，不仅

图 11　石林峡断石（摄于 2009 年 3 月）

不长，反而日久天长天长日久地渐渐失去了生长的棱角，混沌沌全然不复当初了。只是悄然生发一片片指甲盖大的苔藓，似不负殷殷水意。大山无言无怨，顺其自然，依然不改初衷地滋润着，不曾想滋长出一条条小鱼，无忧无虑地嬉戏。几株水草摇曳，任凭鱼们栖息。水是不舍昼夜地流淌，在峡谷宽阔处时或顽皮地一踅，便聚而为潭，聚出几分幽深几分宁静了。幽深宁静中，小鱼常常摇头摆尾地逆流而游，日光下澈，影布石上。我也水边随鱼而上，直至峡谷尽头，一道瀑布轰鸣不绝，自大山深处喷涌而出，涌至百丈千丈的崖顶扑拉拉急不可待地飞泻而下，溅起丛丛雪白水花，然后悠然流去，流成那道清亮亮溪水，一直流向山外苍茫天地之间。

观山。如果石是山的分化，水是山的流淌，那么峡谷则是山的别离。原本一座大山，那么一抖就永远分开了，以至最窄处仅一二步之遥，也只能眼巴巴可望而不可即，除非再一次沧海桑田。故此，两山便对称着高耸，只是这山的凸出处，恰是那山的凹陷处，不尽相同，但一定可以大致吻合。我谷底仰望，两侧对峙的悬崖峭壁，宛若刀削斧斫，遮天蔽日，望而生畏。那峭壁因风雨蚕食，竟形如林状，故东侧山称东石林山（图 12），西侧山称西石林山。我走过多少名山大川，在中国北方这样的石林实不多见。石林间一团团经霜雪而不凋的绿色，是石缝里顽强生存的

图 12　石林峡石林山（摄于 2009 年 3 月）

松柏，虽不盎然也不蓬勃，却为石林点染出几许生机。应该是山多高水多高，不然很难生长任何生命，包括松柏。松柏可以生长，悬崖峭壁却鲜有人迹，松柏便不失时机地作了鸟们的乐园。我寻觅不见鸟们，却欣然领略鸟们啼鸣的欢乐，且以鸟乐而乐。

鸟们仿佛忽略了我的存在，我不在意，更不以任何方式打扰，就给鸟们留些自由自在的生存空间。又想我已然到了峡谷尽头，就索性登上山去，一直登临绝顶。绝顶有亭以点景，只是点得略显粗糙，多少有些美中不足。尽管如此，我还是站亭里略作休憩，好好俯瞰一番曲折幽深狭窄峥嵘的峡谷。转身，发现绝顶并非极顶，峰峰岭岭连绵起伏向天际，那不是别的，正是莽莽苍苍的燕山！

我下山了，回顾石林峡景，终与云南石林不同。也是，十里不同俗，百里不同天，何况一在清新秀美的南方，一在雄浑豪放的北方，怎不各有千秋呢？

我的点评（一）

今天，我们请来董彦佑、孙铭晨、刘睿、徐雨欣四位老文学社社员，因为区文联主办的第四期《桃花源》刊登了四位的五篇作品，一是送给他们样刊，请认真留存；二是发给他们稿酬，每篇50元，让我们以热烈的掌声表示祝贺！也希望大家以他们为榜样，努力写出更多的好作品，也能够在报刊上发表。

我们已经讲一段时间了，大家也写了几次作文，包括这次金海湖采风，老师选了几篇给我，我们今天就集中进行一次点评。

先说一点，我看大家的文稿，格式上怎么写的都有，有的名字在上面，有的在下面，有的还没写名字，年级班级有的写了，有的没写。在这里统一下文稿的书写：题目，黑体3号字；下行右侧，年级班级及姓名，四号楷体；正文，五号宋体。我这里正文用了楷体，是为与讲稿文字区分。

对大家写的作文，总的看感觉文笔不错，有一定写作基础，就不多说了。我们看谢雅絮同学的《海滨夏夜》（图13），这篇

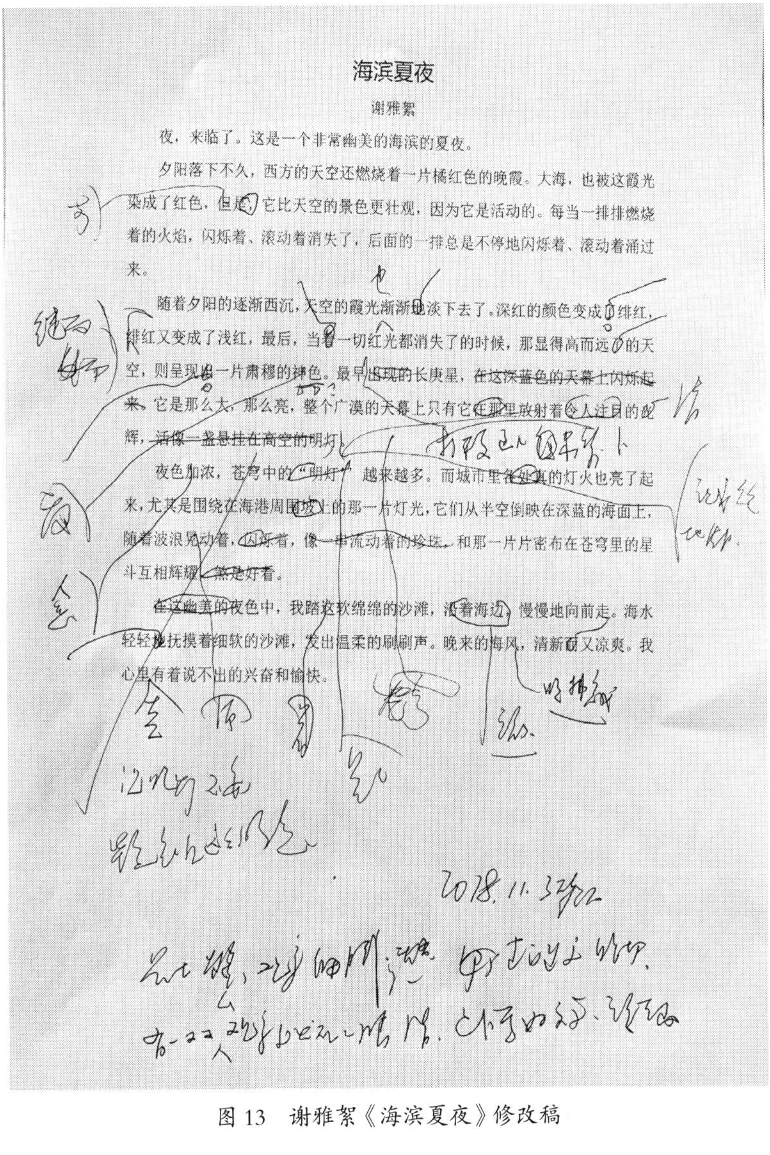

海滨夏夜

谢雅絮

夜，来临了。这是一个非常幽美的海滨的夏夜。

夕阳落下不久，西方的天空还燃烧着一片橘红色的晚霞。大海，也被这霞光染成了红色，但是，它比天空的景色更壮观，因为它是活动的。每当一排排燃烧着的火焰，闪烁着、滚动着消失了，后面的一排总是不停地闪烁着、滚动着涌过来。

随着夕阳的逐渐西沉，天空的霞光渐渐地淡下去了。深红的颜色变成了绯红，绯红又变成了浅红，最后，当着一切红光都消失了的时候，那显得高而远了的天空，则呈现出一片肃穆的神色。最早出现的长庚星，在这深蓝色的天幕上闪烁起来。它是那么大，那么亮，整个广漠的天幕上只有它在那里放射着令人注目的光辉，活像一盏悬挂在高空的明灯。

夜色加浓，苍穹中的“明灯”越来越多。而城市里各处真的灯火也亮了起来，尤其是围绕在海港周围山坡上的那一片灯光，它们从半空倒映在深蓝的海面上，随着波浪晃动着，闪烁着，像一串流动着的珍珠，和那一片片密布在苍穹里的星斗互相辉耀，煞是好看。

在这幽美的夜色中，我踏着软绵绵的沙滩，沿着海边，慢慢地向前走。海水轻轻地抚摸着细软的沙滩，发出温柔的刷刷声。晚来的海风，清新而又凉爽。我心里有着说不出的兴奋和愉快。

图 13　谢雅絮《海滨夏夜》修改稿

作文写海滨夏夜，从夕阳落下时写起，随着晚霞的变幻，渐渐满天繁星，以及我在海滩漫步的兴奋与愉悦。最大特点，就是观察细腻，条理清楚，遣词造句基本贴切。这需要一双善于观察和发现的眼睛，这恰是写好文学的重要基础。

海滨夏夜

初二2班　谢雅絮

夜，来临了。这是一个非常幽美的海滨的夏夜。

起笔“夜，来临了”，干净利落。接着说“这是一个非常幽美的海滨的夏夜”，承接下文，下面的二、三、四段，是全文重点，具体写海滨的夏夜，尤其写怎么幽美。有些问题，我想重点讲一下。

夕阳落下不久，西方的天空还燃烧着一片橘红色的晚霞。大海，也被这霞光染成了红色，但是，它比天空的景色更壮观，因为它是活动的。每当一排排燃烧着的火焰，闪烁着、滚动着消失了，后面的一排总是不停地闪烁着、滚动着涌过来。

第二段，“大海，也被这霞光染成了红色，但是，它比天空的景色更壮观，因为它是活动的”，“也”“但是”、两个“它”字，可删：“大海，被这霞光染成了红色，比天空的景色更壮观，因为是活动的。”更顺畅，更紧凑。

随着夕阳的逐渐西沉，天空的霞光渐渐地淡下去了。深红的颜色变成了绯红，绯红又变成了浅红，最后，当着一切红光都消失了的时候，那显得高而远了的天空，则呈现出一片肃穆的神色。最早出现的长庚星，在这深蓝色的天幕上闪烁起来。它是那么大，那么亮，整个广漠的天幕上只有它在那里放射着令人注目的光辉，活像一盏悬挂在高空的明灯。

第三段，“天空的霞光渐渐地淡下去了”句，“渐渐地”可改为“也渐渐”。“绯红又变成了浅红”，前面加“继而”二字。“当着一切红光都消失了的时候”，“着”字可删。“那显得高而远了的天空”，“了”字可删。“则呈现出一片肃穆的神色”，“神色”一般用于人，这里感觉不够妥当，没有更好的词，就改为“夜色”。“最早出现的长庚星，在这深蓝色的天幕上闪烁起来”，可改为“最早打破这肃穆的”，后半句删去，且承接前句。“整个广漠的天幕上只有它在那里放射着令人注目的光辉”，“在那里”可删。“光辉”可改为“清辉”，毕竟星星再亮，也到不了太阳那样。“活像一盏悬挂在高空的明灯”句删，说星星活像明灯不妥，说过了，星星再亮也亮不过明灯，再说也没这么亮。

夜色加浓，苍穹中的“明灯”越来越多。而城市里各处真的灯火也亮了起来，尤其是围绕在海港周围坡上的那一片灯光，它们从半空倒映在深蓝的海面上，随着波浪晃动着，闪烁着，像一串流动着的珍珠，和那一片片密布在苍穹里的星斗互相辉耀，煞是好看。

第四段，“夜色加浓”，“加”字可改为“渐”字。“苍穹中的‘明灯’越来越多”，“明灯”改为“星星”。“而城市里各处真的灯火也亮了起来”，“各处真”三字可删。“尤其是围绕在海港周围坡上的那一片灯光”，删去“在”字和“坡上”二字。“随着波浪晃动着”之“晃”字可改为“涌”字更好。“闪烁着，像一串流动着的珍珠”句删。“星斗互相辉耀”，上面说星星，这里还说星星为好，不要写星斗，免得行文不一致，这就是严谨。“辉耀”改为“辉映”更妥帖些。“煞是好看”删。经过这样适当将可有可无的字删去，使文章更为简洁。

在这幽美的夜色中，我踏这软绵绵的沙滩，沿着海边，慢慢地向前走。海水轻轻地抚摸着细软的沙滩，发出温柔的刷刷声。晚来的海风，清新而又凉爽。我心里有着说不出的兴奋和愉快。

最后一段，结尾。“在这幽美的夜色中”，可改为“在这幽美的夏夜”，与题目及开头呼应。“我踏这软绵绵的沙滩”，“这”字应“着”字，写完也许没好好看看。“沿着海边”，重复之感，可删。“慢慢地向前走”之“地”字可删。“海水轻轻地抚摸着细软的沙滩”，“地”字可删。“晚来的海风”，可加几个字，改为“晚来的海风吹拂着我”，后面“清新而又凉爽”是被吹之后的感觉，“而”字可删，句号改为逗号。“我心里有着说不出的兴奋和愉快”之“有着”可改为“真有”。

这样修改以后，全篇是不是更顺畅、简洁了呢？

我们再看赵晨菲写的《因为有您》，文笔很富诗意，写出了母爱。

因为有您

初二6班　赵晨菲

娇弱的小草因为有大树的遮挡，它才免遭风雨侵袭；笔直的大树因为有小草的衬托，才显得挺拔高的；

美丽的鲜花因为有大地的哺育，才散发着诱人的馨香；
广阔的大地因为有鲜花的点缀，才展现出无穷的希望；
而我因为有您的呵护，才可以健康成长。

第一段，“挺拔高”，后面缺个“大”字，说明写完后也没反复看几遍，这以后要注意，大作家也不会写完就完了，也一定要看几遍，要修改。其实，做其他事情也如此，这就是一种认真的态度。作为开头，以五个排比句，而引出“因为有您”，并承接下文。写出这样工整的排比句需要下工夫，需要琢磨。但是，这排比也需要推敲，落脚点是“而我因为有您的呵护，才可以健康成长”，关键词是“呵护”。第一个“遮挡”，贴切，扣题；第三个“哺育”，也算可以。“诱人”一词值得研究，感觉与全文内容不是很协调，换个更合适的词为好。第二个“衬托”，第四个“点缀”，就更与“呵护”无关了。写作，即使好的句子，好的细节，与主题无关，自己再喜欢，也不能写，必须忍痛割爱，不然就游离于主题了。小草、鲜花之外，可以再找一个，就以三个物像前面铺垫，而引出最后一句就可以了。

当我伤心难过时，您默默的地陪伴者我，用问温柔的语句来安慰我，您每次都鼓励我说：“孩子，不要伤心，前方的路是光明的，走下去。”每次这句话都成了

我都动力。

全文是什么双引号？好像将两个单引号放一起了。不要小视标点符号，运用一定要正规，一定要贴切，这也是文章的重要组成部分。“默默的”之“的”字、“问温柔的语句来”之“问”和“来”字、“您每次都鼓励我说”之“您每次都”和“说”字，可删。“每次这句话都成了我都动力”，“每次”删，第一个“都”字改为“就”字，第二个“都”字原来可能是“的”字，打字时随手按出了“都”字，改为“前行”为好，以呼应前面写的“前方的路是光明的，走下去”句。遣词造句前后要搭调，要吻合。再说，短短十来个字就有两个“都”字，也有重复之嫌。

当我开心欢笑时，您也会露出微笑。有一次，我考试得了100分，您并没有夸我，而是对我说：“别骄傲，要一直保持”但我看到您在背后偷偷的笑。

“‘别骄傲，要一直保持’但我看到您在背后偷偷的笑”句，“保持”后面加句号，尤其要注意，不能一句话完了没标点。在这种情况下，句号放引号里边还是外边，有讲究，前面是冒号时，句号放在引号里边，即“对我说：‘别骄傲，要一直保持。’”；如果前面是逗号，句号放在引号外边，“对我说，‘别骄傲，要一直保持’。”。运用文字和标点符号，最重要的是要规范。“但”字可删。“偷偷的笑”之“的”字，改为“地”字为宜，笑是动词，动词前面应该是“地”字。“的”、“地”、“得”的运用，一定要准确。

当我失落无助时，您也难过的不得了，可是“天有不测风云，月有阴晴圆缺，在人生的道路上，哪有一帆风顺的？”“阳光总在风雨后，别灰心，相信自己能行。”这样的话语就会在我的耳畔边响起。

“，可是”改为冒号。“这样的话语就会在我的耳畔边响起。”。一句话就一个句号，写作中要注意，有些地方可以，一般地还是断开为好。“我的耳畔边”之“的”字可删。“畔”有边的意思，后面又一“边”字就多余了，可删。“耳畔边”乍一看可以，细品味，是耳边边了。

因为有您，让我的生活变得丰富多彩；因为有您，让我对生活充满希望；因为有您，让我感到无限光芒。

这是结尾，总结和升华。说“丰富多彩”还算可以，“充满希望”较为贴切，说“无限光芒”怎么理解？就值得推敲了。我觉得结尾是不是明确点出“您”是谁更好：“您，就是我的母亲！”不能说了半天“因为有您”，读者最终也不知道这个“您”是谁，作者不说，别人怎么知道呢？

我们下面再谈谈金海湖、将军关采风的作文，所写的对象或主题，无疑就是红叶，哪的红叶？金海湖、将军关，这是红叶的所在地。这两个地方的红叶，与其他地方的比如香山红叶等有什么不同？是要写出“这一个”的，而不是泛泛地写红叶，放在哪儿都合适，那就没有地域特点了，也就是没有我们金海湖、将军关的特点了。这是总的要求，对大家而言，可能要求有些高。因为大家需要提高，不要求高，怎么提高呢？所以，写出地域性，写出“这一个”，不易。

山水间

初二5班　崔巍

我见识过陕北的朴实风光，游览过江南水乡的古典文雅，无数次游历华夏大地的角落，唯有金海湖的秋天，让我留恋。

真要说起金海湖，我想我很有发言权吧，它对我的含义远不止是景区，又或是被大家挂在嘴边拥有美景的地方。更深层里，它是我的家乡。

我们到达的时候，天上的白云还在玩闹着，山上的树木也在小声地聊着天吧。山下有一座寺庙，唤作三泉寺。恍惚在我的印象中，它已经这个模样站在这里好多年了。树上点点红叶，美得叫人移不开眼。山上的树多半都是黄栌，叶片圆圆的更是增添了些许可爱。

秋天的金海湖美得像一幅几经藏匿才不被世人所发现的山水画。我们几经波折爬到了半山腰，拨开树丛杂叶，满眼只留美景，层层的树木重叠着，我不禁哇出了声，这是我生命中不曾遇见的，如今我想，我们已经相见了。或绿或红的树在山脊上安家。我猜它们也一定在说着“今天的山上格外热闹”，它们对我们来说亦是风景，而我们对它们来说又何尝不是呢？微风吹拂过我的脸颊，勾起了耳后的几缕青丝。这一路上山让我褪去了山下时的寒冷，浑身像点起了火般的兴奋，我甚至觉得我的思想都可以与这山比高。

老人说的“上山容易下山难”更是展现得淋漓尽致，稍微脚一滑都会一路滑到山下吧！有一些落叶木已经掉干净了叶子，只剩下了光秃秃的枝丫，朝着冻得越发冷清的蓝天伸展上去，像是墨水滴在纸上，沿着纹路浸染开去。

当我们坐上返程的车时，天边闪起了夕阳，当夕阳将那种融化后的黄金状粉末喷洒向整个天空，天地间混沌一片，暮色中，遥远的风声描不出任何事物清晰的轮廓。倦鸟归巢，红叶飘向远方。天空上有模糊不清的云飞速地移动，在我身边的车座上投射出更加模糊不堪的日影。

我抬起头，纵使那束夕阳洒进我的眼里，连我的眼里都有了高光般灵动。

我相信下次相见，亦不会遥远。

题目《山水间》，感觉有些大，有些空泛，还是起个具体点的题目，大处着眼，小处落笔为好。

第一段，写自己游历过华夏不少地方，唯有留恋金海湖。这样说没错，抑彼而扬此。金海湖一定喜欢，而你走的其他地方是否也喜欢？所以，我们说话，包括写文章，不能让人家反感，这就是说话的艺术。

第二段，按说下面该接着写对金海湖留恋，却没写，又说对金海湖我有发言权，不止是景区，更是我家乡。

三、四、五、六等段落，应该写如何的有发言权，如何的美景，如何的家乡，却又没写，直接写看到的红叶了。

动笔之前，应该好好构思，动笔中好好结构，好好剪裁。其实，通过这篇东西，我看到崔巍同学走了不少地方，也看了不少书，也善于思考，善于动脑筋，写起文章，有话可说，有东西可写，语言也不错，实属难得。今后好好练练，一定会写得更好。

金海湖

初二6班　李温馨

俗话说“读万卷书，不如行万里路”。今天，我们文学社去金海湖采风。

一到金海湖，我就被这里的景色迷住了，蓝天下这绿水环绕着山峰，时不时驶来一艘小船，可谓是一幅美丽的画卷。

走上那陡峭的小路，不一会儿就看到了许多红叶树，那红叶就像挂在树枝上的火焰。老师告诉我们这些红叶树叫做黄栌。微风袭来，树叶飘飘，在阳光的照射下，竟透着几分灵动。我摘下了一片红叶，把它放到阳光下能够清晰地看见它的脉络，真是“麻雀虽小，但五脏俱全”呀。踩在山路两旁铺成毯子般的落叶上，发出“沙沙”的响声，清脆、悦耳极了。

下山时，听着老师口中朗诵出来的诗词，看着一路上的风景，竟生出几分惬意。

再回学校的路上，我回味着金海湖的风景，不禁想到毛主席的一句诗词“看万山红遍，层林尽染；漫江碧透，百舸争流。”

我爱金海湖，我更爱金海湖的美丽风景。

李温馨写的《金海湖》，题目与红叶有些远，但全篇内容确是写的红叶，文笔不错。我主要说两个问题：一是段落要匀称，大体整体，而不要长长短短，如第三段四行，其他都是一行或两行。二是遣词造句要准确。比如“微风袭来，树叶飘飘，在阳光的照射下，竟透着几分灵动”之“灵动”一词，运用得很好。但下面说红叶脉络，“麻雀虽小，但五脏俱全”，就值得推敲，“但”字多余，一般用法都是“麻雀虽小，五脏俱全”，这一个定式成语，不要随意加减字为好。意思是比喻一个事物或一个东西规模虽小，其内容却很齐全。用于红叶脉络，是说红叶脉络很齐全吗？在这里好像有些搭不上边。

我们下面看看瞿明蕊同学写的诗《红枫》。

这是一首四十多行的长诗，感觉全诗具有诗的意境，具有诗的韵味，这不容易，文章也好，诗歌也好，写出一种境界一种韵味不容易。语言显得老道成熟，似乎超越了十四五岁的年龄。说明这位同学有写作的灵性，有写作的能力，今后在写诗或其他文学体裁上，坚持写，有朝一日说不定也许能写出去，甚至未来能够成为一个作家。

红　枫

初二3班　瞿明蕊

枫叶悸动
那碧蓝飘荡着云丝的天空
也已不禁让那红叶的红渲染了一边天
摆弄优美的舞姿慢慢飘落
悲秋的最后一些蜂儿蝶儿
也不知是被那枫叶的颜色
还是凭借那常人嗅不到的枫香招了过来
树木中枫叶情有独钟
因枫叶妖娆艳丽独占鳌头
秋霜红了它的叶子
秋风凋零了它的衣衫
只剩下干瘪的叶脉
孤独的影子
落寞飘零
留下那对秋的情
带给我的却是片刻的愁意
嗅了嗅悲秋的妩媚
醇香悠悠沁入心脾

那份美好的秋叶情也系在我的心头

又一个山间赏景

又一个秋天

转瞬间看到山腰上的那棵枫树

这次的秋原来是不一样的啊

生机勃勃的嫩草在树下生长着

这隐隐的绿色

着实让我吃了一惊

这棵树上悬挂着比常树要多的叶子

如火燃烧的喜悦，风中飘荡

在这陡峭的半山腰

竟有着不一样的生命

终于第十四个年头的秋

是热情的　是奔放的

豁然开朗的我

也找到了那丝小小的曙光

别以为飘落的枫叶

给我带来的是淡淡的愁意的

其实那树叶的滴露是我

心中有着那弹奏的琵琶小曲

奏满了秋的华丽

这是我与枫的相依

这是我对枫的爱意

就这首诗而言，也有值得修改的地方，一些地方显得有些杂乱，比如："枫叶悸动／那碧蓝飘荡着云丝的天空／也已不禁让那红叶的红渲染了一边天／摆弄优美的舞姿慢慢飘落"，这四行大概是想表达：碧蓝并有几丝云的天空下，枫叶染红了半边天。风刮来，慢慢飘落了。可读来总觉有些不清晰，有些费解。另外，"一边天"，不如改为"半边天"更具美感。

明蕊自己解释说是表达自己看到红叶后的一种喜悦，后半部分写了喜悦，但前半部分却充满了落寞与悲秋，表达的情绪不统一、不一致，也是杂乱的表现。对于明蕊而言，一些错字似乎不应该出现，如"落寞"写成了"落莫"。写完你一定是看了，甚至看了不止一遍，绝不是没看，草草一写应该到不了这样。

我不知道明蕊过去是不是喜欢读诗，都读了谁的诗？就这首诗来看，我觉得方便时可以找一些经典的诗人的诗看看，如我国当代著名诗人艾青的诗，作为写作参考。

2018 年 11 月 11 日晚草，12 日改，28 日改定于善书斋。

【阅读与欣赏】

此文作于2006年初冬。当时是一个周五晚上，《北京晚报》编辑高立林老师来。我谈及平谷金海湖的红叶，高老师说：“我给你出个题目敢写吗?”我说：“您能出我就能写!”他随口出了这个题目，要我周一必须写好寄到报社他桌子上。那时没有现在的快递，只能走平信。第二天高老师走了，我连夜赶写并修改，周日寄走，周一高老师准时收到。随即刊发于11月9日晚报副刊，且被江苏一家晚报转载，中国作家网等作为美文亦予转载。

平谷红叶胜香山

柴福善

时已初冬，可还有秋天的感觉，以至无论城里，抑或乡村，树木依然枝叶繁茂，旮旯的一些野花还偷偷地灿烂着。

终归季节不以人的意志为转移，晚来几日还是来了，树叶也就自然地变了颜色。我生活于京东，具体说是平谷，又称绿谷。说绿，因平谷三面环山，中为谷地，葱茏着树木与五谷。当然还有另一层含义，这里是一片没有污染的生态净土。

随着秋天降临，五谷收获了，田野便悠然空旷起来，而树木仍旧挺立山上，慢慢的秋着。古人尝言“春江水暖鸭先知”，对于季节，其实树木也知。这些年，路边和风景区植了很多观赏树，当我穿越其间，发现树们早已不声不响的红了。

丫髻山，道教名山，才修复的庙宇，古色古香。古香中，就多了一份耀眼：那是千头椿。也有人说是火炬树，甭管是什么，反正晨钟暮鼓里，一树一树不失时机的红着。或许有意无意间熏染了道教文化，只觉这红里透着几分仙气。

将军关，明代万里长城一座重要关隘，几百年前就地取材修造的石头墙。古来边关征战地，如今胜迹壮河山了。长城内外，尽是柿树，有些尚未摘采的柿子枝头摇曳，而小手掌大的柿叶也竞相红了。细看叶脉，犹如手掌纹络，输送脉液，愈经霜愈发红烈。柿子红得鲜亮，鲜亮得似一盏盏灯笼。而柿叶却红得深沉，深沉里透着几分肃气。

金海湖呢，周遭群山，捧一湖碧水。那群山尽是香山那样的黄栌。并非这里生成自己的“小气候”，而是全球都在变暖，该按季节来的，竟有些姗姗来迟。就那样，黄栌们约好了似的，说红的刹那，便一山一山地红去，简直要红透莽莽燕山！而红中点染着一些苍翠，那是不凋的松柏散落其间。碧水波光映照着红叶，透着几分灵气。守候金海湖的金章宗之女悉心品读这灵气，只是不晓得能否品出优美的诗篇。而湖畔生活于远古的上宅人，无论如何也品不出诗来，因为七八千年前还没有文字，但上宅人一定会登上这群山，饱览眼中的一切。饱览之余，一定会

“嗬”“嗬”地雀跃欢呼，甚至张开双臂，尽情拥抱这美丽这壮观。古人今人，爱美之心一定是相通的。

那天，我驱车沿着才打通的山路，或平坦或曲折或蜿蜒地一直从南到北从东到西，转了这三面环山的整整一遭。无须担心，车到山前必有路，而有路必有红叶观！或驻足静静欣赏，或车中匆匆一掠，直看得我心悦看得我心仪看得我心花怒放心旷神怡心满意足以至心血来潮，最后着实令我心惊！

想平谷原本中国桃乡，二十多万亩桃花，四月里一齐绽放出京东的春天。曾几何时，又生长出这多红叶，让这山圈儿里萧瑟的秋天红起来了呢？说京西香山红叶好，不过区区十余万株，可平谷这三面山间究竟有多少，谁能数得清？又怎样去数呢？香山一脉可玲珑于袖内，如一篇精致的小品；而平谷亘古绵延的三面山川，则磅礴着大块文章。香山最高处不过五百米高矮，而平谷东指壶峰竟达一千余米，我是站在那里，好好地领略了一番这无边无际的红叶，也顺便领略了一下天下。

2006 年 11 月，2016 年 8 月 13 日改。

要有一双发现的眼睛

——写作的观察

前面我们谈了读书的问题，说到底，是希望大家要注意读书，从小养成一个好的读书习惯，且多读经典优秀之作。在大家学习紧张的境况下，起码可以把语文课本上的古诗文背下来，如果能够围绕着这些古诗文，再适当拓展一下，比如宋代苏轼，如果课本选了他的一首诗，假如是“欲把西湖比西子，淡妆浓抹总相宜”写西湖的那首，就不妨再看看苏轼的散文如《前赤壁赋》《后赤壁赋》《承天寺夜游》，词《赤壁怀古》，即“大江东去”那首等，这样就扩大了些视野，把书也能读厚了些。对于写作而言，我觉得大家要能够熟读记住二三百首古诗词、几十篇或百八十篇古文，下笔一定不是现在的水准。正如唐代大诗人杜甫诗所写：“读书破万卷，下笔如有神。”当然，最终如何，就看自己修行的功夫了。在这里，我推荐一本小书《古文选读》，中国青年出版社出版的，我是1979年买的，看了近四十年的一本书，都看散了，又重新使线绳订的。文章选的也精，注释分析也好，每一个评注者名字都是响当当的，简直都是大学者、大教授、大专家。这本书可以从孔夫子旧书网看看，应该很便宜。

下面，我们谈学会观察的问题。所谓观察，观是看，察是仔细看，两字组合一起，意思就是对事物或现象仔细察看。这是基本字义，对于写作而言，写作其实就是写生活，写生活就要学会观察，要仔细地察看生活。那么，观察什么呢?

首先观察人。人为天地之精华，万物之灵长，每一个人一个样，包括模样、气质、言行、举动、兴趣等，即使双胞胎，言谈举止、脾气秉性也不会完全一样。所以，写作观察人，是极其重要的。苏联大作家高尔基（图14），写出了《母亲》《我的童年》《海燕》等许多闻名于世的作品。其笔下的人物形象生动，很重要一点是得力于他

图14　高尔基（摄于1934年莫斯科）

善于观察生活。一次，他和另外两位作家坐在一饭馆里，商量对一个进来的男人进行观察，时间为 3 分钟。一个观察得很马虎，连这个人穿啥颜色衣服都没说清楚。另一个观察细致些，也只是说这个人脸色苍白，身穿灰色衣服，还长着一双细长的手。而高尔基观察得最为仔细，从这个人的服装，说到结着带小黄花点的领带，甚至小指上的指甲有些不正常，颈部还有一颗黑痣，等等。最后，高尔基根据自己的观察得出结论：这个人是骗子。随后询问了饭馆伙计，告说这人经常出现街头，名声很臭。证实了高尔基极其敏锐的观察力。这就告诉我们，要认真观察人物特点，注意写出人物个性。

其次观察物。这“物”可以是植物，可以是动物，也可以是景物，等等。植物有植物的生长特点，生长规律；动物有动物的活动特点，生存规律；各个景物也会有各自的风姿，各自的面貌。无论是什么，出现我们眼前，都要通过我们的眼睛观察，而且很快抓住其特点或者规律。任何东西，都不会千篇一律，不然，就没有这个大千世界了。比如《情满石林峡》一书收录我的散文《石林峡览胜》，写一巨石：“又一石更大，中间齐茬茬断作两截，如此巨石应天力所断，而非人力所为。但见断裂的石缝窄窄，有人好奇地穿来穿去，以此为趣。我不去穿，总担心两半石一时心血来潮骤而合一，若躲闪不及，再想出来大概要等地老天荒了。”就在石林峡景区中，一座小桥边的一块儿房子大小的滚落的巨石，我看到了，并写入笔下。

更要观察社会。一部鸿篇巨制，往往描写的就是一个广阔而深远的社会。比如当代大作家浩然（图 15），20 世纪 60 年代，深入北京郊区顺义等地乡村，观察体验生活，创作出长篇小说《艳阳天》，三卷本 120 余万字，创造出了萧长春、弯弯绕、马小辫等诸多人物形象。其情节丰富曲折，结构完整紧凑，人物形象生动，乡土气息浓郁，有很强的艺术特色，在国内外颇有影响，且被改编成同名电影。20 世纪 80 年代，浩然又深入河北三河县农村，并把家迁到三河县城，起名“泥土巢”，创作出又一部长篇小说《苍

图 15　在中国作家协会第六次全国代表大会上与浩然合影（摄于 2001 年 12 月京西宾馆）

生》，引起极大反响与轰动。如果没有深入观察生活，没有深入体验生活，浩然写得出这样具有深远影响的传世之作么？

当然，我们需要观察的可能不止这些，我只是笼统而概括地谈谈，对大家理解有个提示和启发。就是要大家明白，我们要学会注意观察以及如何观察，就可以了。其他的，还需要大家自己感悟才是。

应该说，生活无处不在，我们也就要随时随地的注意观察，包括我们现在上课，我给大家讲课，不都是生活吗？不要总以为我们缺少生活，甚至没有生活。所以，我们一定要勤于观察，也要善于观察。注意观察能力的训练和培养，使我们具有更为深刻的敏锐的观察力。我以为，这是写作的一种重要的基本功夫。而在观察中，我们一定要注意发现别人没有发现的东西。落在笔下，就是你能够写出别人没有写出或

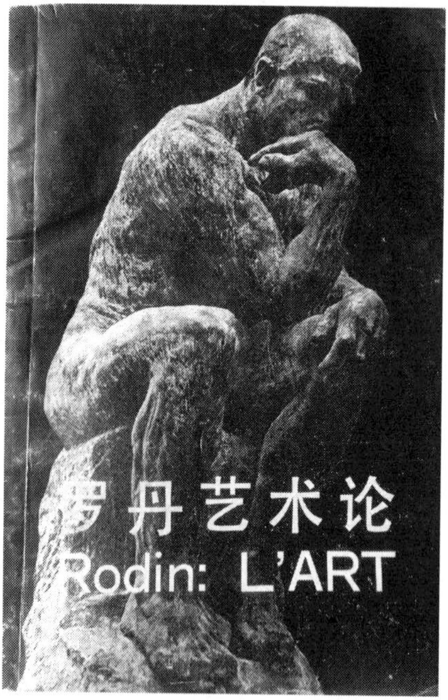

图 16　1992 年 12 月人民美术出版社《罗丹艺术论》书影

别人写不出的东西。这就是你的成功。正如法国雕塑家罗丹（图16）在《罗丹艺术论》中写道："美是到处都有的，对于我们的眼睛，不是缺少美，而是缺少发现。"请大家记住这句话，并用自己发现的眼睛去观察。

2017年9月17日星期日草于善书斋，18日改，21日改，

2018年12月11日又改，2019年12月4日再改。

【阅读与欣赏】

苏轼，北宋眉山（今四川眉山）人，为我国历史上杰出的文学家，唐宋古文八大家之一，在诗、词、散文及书法均达到那个时代的高峰。

赤壁，是三国时吴将周瑜用火攻大败曹操之处，在今湖北嘉鱼县东北、长江南岸。苏轼游览的赤壁，是黄州（今湖北黄冈）城外的赤鼻矶，相传为当年吴魏交战之地。苏轼被贬黄州，曾两次游此，写了两篇赋，此即为第一篇。

这是一篇千古传诵的名文，无论写景、抒情，还是说理，都是就地取材，不离江上风光。而且善于把景、情、理，浑然融为一体。其取材之精，运用之巧，组织之工，达到了妙造自然之境。

前赤壁赋

苏轼

壬戌之秋，七月既望，苏子与客泛舟游于赤壁之下。清风徐来，水波不兴。举酒属客，诵明月之诗，歌窈窕之章。少焉，月出于东山之上，徘徊于斗牛之间。白露横江，水光接天。纵一苇之所如，凌万顷之茫然。浩浩乎如冯虚御风，而不知其所止；飘飘乎如遗世独立，羽化而登仙。

于是饮酒乐甚，扣舷而歌之。歌曰："桂棹兮兰桨，击空明兮溯流光。渺渺兮予怀，望美人兮天一方。"客有吹洞箫者，倚歌而和之。其声呜呜然，如怨如慕，如泣如诉；余音袅袅，不绝如缕。舞幽壑之潜蛟，泣孤舟之嫠妇。

苏子愀然，正襟危坐，而问客曰："何为其然也？"客曰："'月明星稀，乌鹊南飞。'此非曹孟德之诗乎？西望夏口，东望武昌，山川相缪，郁乎苍苍，此非孟德之困于周郎者乎？方其破荆州，下江陵，顺流而东也，舳舻千里，旌旗蔽空，酾酒临江，横槊赋诗，固一世之雄也，而今安在哉？况吾与子渔樵于江渚之上，侣鱼虾而友麋鹿，驾一叶之扁舟，举匏樽以相属。寄蜉蝣于天地，渺沧海之一粟。哀吾生之须臾，羡长江之无穷。挟飞仙以遨游，抱明月而长终。知不可乎骤得，托遗响于悲风。"

苏子曰："客亦知夫水与月乎？逝者如斯，而未尝往也；盈虚者如彼，而卒莫消长也。盖将自其变者而观之，则天地曾不能以一瞬；自其不变者而观之，则物与我皆无尽也，而又何羡乎！且夫天地之间，物各有主，苟非吾之所有，虽一毫而莫取。惟江上之清风，与山间之明月，耳得之而为声，目遇之而成色，取之无禁，用之不竭。是造物者之无尽藏也，而吾与子之所共适。"

客喜而笑，洗盏更酌。肴核既尽，杯盘狼藉。相与枕藉乎舟中，不知东方之既白。

说文解字

《情满石林峡》第 9 页第 9 行有句：

原稿：冬夜宜饮酒，雪卧峰顶，松涛振振，一炉火旺，且把那三杯两盏饮下，凝神寂照，澄怀忘虑，将烦恼往事送到雪光背后。

“松涛振振”，“振”字是动词，振动、摇动等意，用于松涛之后显然不妥。而“阵阵”，表现松涛随风一会儿刮过来，一会儿又刮过去，故改为“阵阵”为宜。

《情满石林峡》第 18 页第 12 行有句：

原稿：一块巨石，从天而降，挡其落座乾坤的是一株古松，巨石八丈，如星殒（yǔn）落，松如巨人，顶天立地！

“殒落”之“殒”，为丧失（生命），或死亡，如殒命，专用于人。而“陨”（yǔn），则是“陨石”之“陨”，言石之“陨落”，只能是“陨”字，此字指石之物。所以，根据“如星殒落”之句意，当“陨”字为宜。

由此可以看出，我们写作，一定要注意遣词造句，要用得贴切，恰到好处。

我的点评（二）

我们已经讲了几次课，也出去采了一次风，大家也写了一些文章，我大致看了。今天，考虑到是这学期最后一次课，二年级的几位同学将升入三年级，因学习的繁重，可能就不再参加文学社活动了。鉴于此，我就结合大家所写，点评三篇文章，供大家学习参考。

这三篇文章，是刘睿的《游石林峡》、徐雨欣的《石林峡采风记》和曹闰知的《上学路上》。总的看，这三篇文章能够用自己的语言来写，写出自己的所见所思所想，可初见其写作功力与才情，而且一定是用心来写了。我想，大家如果坚持下去，应该能够取得一定成果。

下面，就对每篇文章进行具体点评。

游石林峡

初二5班　刘睿

向来听闻石林峡的风景姿绝妙，早有心前往，今日终有机会一领石林风采。

站在峡外，仰望石林峡的雄伟风貌，只觉那一座座山峰好似拔地而起，直冲云霄，令人向往之余又不免有些胆寒。

踏入峡谷内，一阵清风袭来，凉凉的，轻轻的，缓缓的，却又十分强势地，吹走酷暑的烦躁，吹走身体的疲惫，也吹走了心灵的疲惫。眼前，是一片青山绿水；耳边，是鸟儿清脆的歌声；鼻尖，是大自然独有的绿色气息；脚下，是由各种石头铺成的并不平坦的小路；心头，是不可言喻的清凉与宁静。只是静静地站在这里，用心感受，便已让人顿觉心旷神怡，宠辱偕忘。

继续前行，一路上树木丛生，百草丰茂，鸟声不止，流水不断。那流水成溪，成池，成潭谭，成瀑，无处不在。眼下的溪，清澈见底，波光粼粼，那里面的游鱼也都仿若空游无所依，小溪底全是密密麻麻的红褐色小石头，虽然大小与颜色都相差无几，但细细观察，形态却是万千变化，这大概是清溪石上流吧。阳光透过重重山谷照在水面上，折射出白色的光亮，银灿灿的，一阵微风拂过，那白光便随着水中涟漪荡漾开来，一闪一闪的，疑是银河一般，甚是好看。

峡谷的尽头，便见一潭清水，那是乌兰图雅曾经表演的场地。那潭三面环山，比之其他地方更甚清凉，潭边也应景地摆放了两株桃树，青山绿水，怪石绿叶桃花，有几分桃花源的意境。那潭水同样清亮，不同的是那潭面无风好似镜未磨，即使偶尔有轻风吹过，也只是清风徐来，水波不兴。潭水的水源便是峡谷尽头的一道瀑布，而瀑布的来源却不可寻见了。只见那险峻陡峭的山，突兀地流下一道水流，直直地倾泻而下，好似从天而降，也好似是从山峰的某一缝隙喷射而出。因瀑布长年累月地在山峰上流淌，竟在坚硬的山峰上留下了自己的专属通道，水滴石穿，水流山亦凹。那水流并不是很大，奈何那山峰实在高耸入云，水流便急急地冲入潭谭水里，激起层层白浪，发出阵阵声响，为静谧的山谷添上几分热闹。

峡顶不同于峡底的清凉，失去了山谷的庇护，炽热的阳光便直射在我们身上，让来者都不免结结实实地享受了一场阳光浴。站在玻璃观景台上，抬头，是一片湛蓝的天，仿若触手可及；低头，是一群险峻的山，人好似在天上游，又好似与群山融为一体，那感觉实在是不可言传。人们常言“会当凌绝顶，一览众山小”，我却丝毫没有体会，站在这顶峰之上，向下俯瞰，大好景色尽收眼底下，但却并未因此就觉得那群山变得矮小，反倒有一种天地浩荡如巨人，唯我渺小如尘埃一般的感触。虽并未看到众山小的雄伟景象，但放眼望去，倒别有一番而是“横看成岭侧成峰，远近高低各不同”了的妙趣横生而来。

立于顶峰之上，享受着阳光的洗礼，欣赏着大自然的馈赠。，我为石林风光所沉迷，一直在尽情观赏。，他石林峡也一动不动地看着我，我们就这样一直对视，仿佛永远也看不清对方。真是相看两不厌，唯有石林峡了。

点评

起笔先来“听闻”，也就是听人家说，或是据说。而以“风姿”写景不妥，“姿”是用于写人的，如“姿势”“风姿绰约”等。写物，在这里写石林峡的景物，就应“风景”为宜。

“峡谷的尽头”之“的”字可删，使语句更为简洁。我们往往不注意，其实“的”“地”“得”等虚词，在不少地方可以去掉，也就是可用可不用的时候，我们就可以不用，这样，就会使文章更干净、利落。

“不同的是那潭面无风好似镜未磨，即使偶尔有风吹过”，先说“无风”，又说“有风”，读来似有前后矛盾之感。

“即使偶尔有风吹过，也只是清风徐来，水波不兴”句，可改为“偶尔有轻风吹过，也只是水波不兴”。文章的遣词造句，一定要注意准确、到位，

将倒数一二段适当调整，使文章更为完整。

石林峡采风记

初二2班　徐雨欣

随着时间的流逝，春天已慢慢到来，为了探寻这些美丽的景色，我前往追寻春姑娘——那个带来美丽的仙子的脚步。

春天时节，来到石林峡。，入眼便是高耸的山脉，四周是流淌清水的小湖，上面架起一座木桥，十分别致。踏过木桥，便开始了我们今天的采风之旅：

沿小路上山，不多时，便可以看到一块巨大的石头，上书几个龙飞凤舞的大字：力行走向绿色，来呼吁人们保护环境。此时此刻，面对周围的美景，我想，每一个人，应该都不会拒绝这份美好而艰巨的任务吧。

继续向上走行去，不远，一棵高大的树木挺立，我

不由得泛起疑惑：这棵老树不是阻隔了道路么？，来往这么多游客，人人从旁经过，竟也能毫发无损！后经老师讲解释，我才知道，这是棵高大的杏树，约有五六十年 50 到 70 岁了，这里的工作人员、来往的旅客，由于对环境的热爱，便人人小心，生怕碰上了这位杏树老爷爷。为保护这棵老杏树，竟把道路有意拐了个弯，老杏树从此成为一道风景。

走着走着，我们听到了潺潺清凉的流水声。没错，这里就是清凉小世界了。向前望去，只见那半亩方塘，里面由于水流过多，从边缘向下流去，好似瀑布一般，当真是“一点飞鸿影下”啊。在这里小小的清凉休息了一下，我顺便观察起周围的景色：周围嫩绿的小草茂盛地生长着，上面星星点点的缀着些许小花，色彩淡雅，与草儿搭配真是相得益彰，后面还有重叠的群山环绕，清澈的溪水缓缓流的拂过他们的脸颊，将其冲刷的越发可爱，。心中便想不由得思索：若将《天净沙》中的“白草红叶黄花”改为“青山绿水红花”，便是眼前的美景了吧。

待休息结束，便我继续沿着延崎岖的山路前行，走着走着，不知不觉间，已上了顶峰。抬眼望去，便是一条玻璃道。望着它，我的内心先生发几分很是胆怯，但在同学的鼓励下，我还是决定一试。没错，一步，两步……终于，在我努力抬头、小心翼翼地走了数分钟后。才只将这大概十余米的绕着玻璃道绕走了一圈！，期间经历的内心煎熬可想而知，只有走在其上，才觉这条看着就让人腿软的玻璃栈道，给人带来的刺激震撼感，简直可与举世闻名的美国大峡谷玻璃走廊“天空之路”媲美。此时正值晴天，蓝天和白云的倒影铺满了整条栈道，让人在对脚下的透明战战兢兢之余，更乐享于踏云而行的快感。

在山顶滞留一会，尽情欣赏感受到了这长天一色石林峡的美景后，我们便顺着山间小路返回，。我想，今天所看到的，就是春天姑娘送给我们的无价礼物了，真的要感谢春天呢！吧。

点评

第一段与主题有些远，简化为“春天时节”四字，可与第二段连为一起。

听到的流水声，以“清凉”修饰，显得不妥，因为“清凉”是需要“感受”的，是听不来的，可改为象声词“潺潺”。

写水流瀑布，引用“一点飞鸿影下”不够贴切，水流瀑布并非“一点”。这是元代白朴所作《天净沙·秋》，全曲：“孤村落日残霞，轻烟老树寒鸦，一点飞鸿影下。青山绿水，白草红叶黄花。”

“在这里小小的休息了一下”的“休息”，显得有些平，改为“清凉”二字，名词动用，读来就觉生动了，而且与景物吻合。

两个“周围”，可将后面的去掉。

写景状物，抒发情感，生发哲理，一定要顺其自然，由其中自然而然、水到渠成地引出为妙。

结尾处即是说春天送你“礼物”了，总要“感谢”一番才是，不能失了礼数。

那年春天（上学路上）

初二3班　曹闰知

又是一片春好色，我畅游在知识海的小路上 -- 通往学校的路。一抹红，一抹绿，一阵春风，把我推向知识的深渊。我们是大地哺育的孩子，而孩子，却是父母细心呵护，不愿有半点受伤的掌中宝。

春天，我像往常一样，走在上学的小路上，路边的柳树偷偷地长出了嫩芽，一阵春风拂过，吹动着那条条柳枝叶，在风中优雅地摆动着。我径直往前走去，享受那春的宁静。隐约我看见路边一个矮小而又无助的背影。是一个孩子么？，一个人走在路上么？是走丢的了么？我怀着种种疑问，走上前去。

没错，这就是一个孩子。“小朋友，你怎么一个人走在路上呢？”他躲着我，不敢看我，好像把我当成了坏人。“小朋友，你是走丢了么，别害怕，姐姐带你找妈妈去好么？”他没有说一句话，脸上的泪迹清晰可见。这时，我可以断定，他一定是走丢了。

我试着让他接受我这个对于他来说，陌生、害怕的路人。我轻轻蹲下来，试着和他说话，让他知道我是个好人。慢慢地，小朋友好像接受了我，把他沙包大的小手放到了我的胳膊上。，我心中又是欣慰，又是急切，没有想太多，只想尽快地帮助他找到自己的家人。我顺手把车停到了路边一个陌生人家的门口，拉着他小朋友的手，走在路上，心想：孩子是父母的宝贝，现在他的家人一定是很着急的，我必须赶快帮他找到家人。

开始，我是信心满满，觉得可以帮他找到自己的妈妈。可是计划计划计划赶不上变化，怎么找呢？无助之下，我拨打了人生第一次的110。，我说明了地点，警察阿姨让我描述一下孩子的外貌、穿衣，不出所料，刚好有人报警找孩子，和我叙述的一样，我们也肯定了就是他。警察告诉我，到我们学校门口等候。，我依旧和小朋友聊着天，让他不害怕，“小朋友，你妈妈一会就来接你了，不要害怕，我来保护你。”我怕他害怕，抱起了这个孩子，像一个妈妈一样，送给他短暂的温暖，。当时看到他的甜美的笑脸，心里别提多温暖高兴了。

还没走两步，一个自称是孩子二叔的人骑着电动车走了过来。““把他给我吧，我是他二叔，直接把他带走就可以了。””孩子并没有什么反应，依旧紧紧地搂着我。““对不起，我不能把他交给您，我报过警了。，等警察来了，您把他带到哪里都可以。””我带着这个小朋友，一直来到学校门口，警察叔叔已经在那里等候了一会了，。一个男的向我冲来，我来不及躲闪，就见他一把把孩子抱了过去，仔细的打量了一番，咣当一下摔坐到地上，。一个年纪30多岁的大男人，却哇哇地哭了起来。，甭问，原来那这是孩子的父亲。我顿时感到从未有过的欣慰，从未有过的温暖。

我们总会犯错，但是只有父母，他们会包容我们，保护我们。使天真可爱的我们，沐浴在父爱母爱的海洋里，而多少年以后长大的我们，也该理解父母，想想他们为我们付出的一切，懂得来报答他们了吧。我们不知道父母为我付出了多少，但看到他们头上那一根根纤长的白发，长让我感到久违的心酸。

“黑黑的天空低垂，亮亮的繁星相随，虫儿飞，虫儿飞，你在思念谁……”

孩子与家人团聚了，我觉得做了一件很有意义的事情，顿时感到从未有过的欣慰。

点评

题目“那年春天”有些不妥，不如改为“上学路上”。当然，也可以以事件起个相应的题目。

第一段与内容有些远，可以删去。直接将第二段作为第一段，前面加个“春天”二字，以不使文章突兀，且说明时间。

注意遣词造句，“一阵春风拂过，吹动着那条条柳枝叶，在风中优雅地摆动着”，“条条”修饰“柳叶”不妥，说“柳叶”在“摆动着”也不甚贴切，此句可改为：“一阵春风拂过，吹动着条条柳枝，在风中优雅地舞动着”，就好多了。

“一个自称是孩子二叔的人骑着电动车走了过来”，大家看，是否有语病呢？究竟是骑车还是走着？一人不可同时做此二事。即是“骑着电动车”，就把“走了”二字删去。

通篇要注意标点的运用。标点也是语言，用得恰到好处，有助于文章的成功。

倒数第一段、第二段，生发的情感似与内容或主题无大关联，去掉，重新结尾为：“孩子与家人团聚了，我觉得做了一件很有意义的事情，顿时感到从未有过的欣慰”。

2017 年 6 月 26 日

胸藏万汇凭吞吐

——写作的积累

上讲我们讲了写作的观察，观察人，观察物，观察社会，一句话，就是观察生活。当然，我们不能为了观察而观察，是要把观察到的东西存储起来，以备日后写作时作为素材来用。那么，我们仔细认真地观察了，又怎么把这些观察到的东西存储呢？这就是我们这讲要讲的写作的积累。

当我们阅读历史长篇小说《三国演义》，从汉灵帝年间刘、关、张桃园结义说起，描述了东汉末年和三国时期近百年发生的重大历史事件及众多叱咤风云的英雄人物。看神话长篇小说《西游记》，描写了孙悟空、猪八戒、沙僧保着唐僧西天取经，一路降妖伏怪，历经九九八十一难，取回真经，终成正果。而我国古代最伟大的长篇小说、世界文学经典巨著之一、清代曹雪芹所著《红楼梦》，以贾、史、王、薛四大家族为背景，以贾宝玉、林黛玉爱情悲剧为主线，着重描写荣、宁两府由盛到衰的过程，全面地描写封建社会末世的人情世态及种种矛盾，被称为我国封建社会的百科全书。以致后人研究此书，竟形成一门显学，这就是“红学”，而研究的人则称为“红学家”。这些令人震撼的鸿篇巨制，没有多年生活与知识、文化的积累，是绝对写不出来的。

我们说了，写作就是写生活，而生活需要观察，观察需要积累。所谓积累，说白了就是东西的逐步的聚集。对于写作来说，就是积累写作经验与材料。经验的积累，需要时间，需要慢慢探索，就无须说了。我们只说材料或素材的积累，大致分为两个方面：

一是生活的积累。一些同学有时面对需要写的作文，经常会感觉没啥写的，或者皱着眉头“写什么呢”？其中一个重要原因，就是生活积累的少。这也不能怪你们，因为你们才十三四岁，正在求学，人生的道路还没有正式起步，积累的东西有限，也实属正常。当然，你们从蹒跚学步到今天的中学，从乡村到小城，也有各自的生活，写出来可能就是不错的文章。所以，也不能完全说你们积累少，只能说大家对社会的了解少些吧。俄国有个大作家叫果戈理（图 17），代表作品就是《死魂灵》《钦差大臣》等。果戈理有农村生活的经历，是他创作的重要基础。也就是这农村生活的积累，才有他写的《死魂灵》等名作。据说一次果戈理请朋友吃饭，饭馆里的一张菜单吸引了他。朋友桌前坐着，饭菜

图 17　果戈理像

眼瞅着端来了，他却旁若无人地抄菜单。就是这份菜单，后来被他写进了一篇小说中。所以，要注意随时随处的积累，时时处处做个有心人，面对大千世界，纷繁的生活，不能无动于衷。

二是知识、文化的积累。凡是成为了大作家者，几乎没有一位不是大学者，甚至是大思想家。屈原、李白、杜甫、苏轼、曹雪芹、鲁迅、巴金等，古往今来，概莫能外。如曹雪芹所著《红楼梦》，如果没有诗词、古建筑、服饰、日常生活等极其丰富的各方面的知识，这部作品就绝不能被后人称为我国封建社会的“百科全书”。刚才说的果戈理也是，他从小喜爱乌克兰的民谣、传说和民间戏剧，上中学时就已博览群书，并受到了诗人普希金诗歌及法国启蒙作家的影响，这一切为他后来的文学创作打下了基础。知识浩如烟海，我们只有根据自己的所学，自己的所好，点点滴滴日积月累。其实，我让大家多背诵些古诗文，不是故意为了增加大家的学习负担，这就是知识积累的一个方面，请大家要正确理解。

当代大作家王蒙（图 18）谈及写作，曾说：“你要写的题材必须是你最熟悉的，对于你要写的人物、事件、时代、地区、风景、风俗”，“你要有足够的记忆和记忆的沉淀，记忆是作家的财富，作家的资本，作家的原料。有了许多许多栩栩如生的记忆才有思索、有探索、有想象、有虚构”。“而作家，他的记忆主要是对于人，对人的精神活动和内心体验，对于各种生动的细节的记忆。再杰出的虚构能力、编造能力，也离不开记忆的宝库”。在这里，王蒙一再谈及“记忆”，所指的其实就是积累。积累对一个人的写作，绝不是可有可无，而是像离不开的粮食、水和空气一样。没有积累，或缺少积累，写作就是无源之水，无米之炊，很难形成浩瀚的江河，也很难做出可口且丰盛的美味来。

图 18　作家王蒙（2018 年 6 月摄于平谷城福成肥牛）

积累的途径或方法，我想无非是两种：一种是王蒙说的“记忆”，深深地存储在脑海里，随时写随时备用；一种是在脑海之外，可以记在本子上，比方说随手准备一个本子，将所看到的有意思的人、有意思的事、有意思的语言、有意思的景物，也包括阅读中摘录下喜欢的文字或内容，等等，随手记下来，以便日后写作时阅览。有可能当时随手记下的一句话、一个人、一个动作、一个景物，日后就可能形成一篇文章，一部作品。一切皆有可能，只要功夫到了。

文学家郭沫若曾有诗道："胸藏万汇凭吞吐，笔有千钧任翕（xī，合或聚意）张。"我相信，大家平时多注意写作积累，久而久之，再写起来，就一定不至于老是发愁写什么了，老是觉得没啥写的。说不定就会左右逢源，下笔有神。

2017年9月18日星期一草于善书斋，
10月17日改，11月29日中午改，
2018年12月1日改定。

【阅读与欣赏】

欧阳修，字永叔，号醉翁，晚年自称六一居士。欧阳修曾言：“集古录一千卷，藏书一万卷，有琴一张，棋一局，酒一壶，一翁老于其间。”故自号六一居士。据记载：客有问曰：“六一，何谓也？”居士曰：“吾家藏书一万卷，集录三代以来金石遗文一千卷，有琴一张，有棋一局，而常置酒一壶。”客曰：“是为五一尔，奈何？”居士曰：“以吾一翁，老于此五物之间，是岂不为六一乎？”居士，指旧时出家人对在家信道的人的泛称；同时，也是古代有德才而隐居不仕的修行人的自称，所谓文人雅士的自称。

欧阳修，吉州永丰（今江西省永丰县）人，宋朝著名文学家、史学家，唐宋古文八大家之一，在散文、诗、词方面成就很大，成为当时文坛领袖。著有《欧阳文忠公集》和《新唐书》（与宋祁等合著）、《新五代史》。

悚（sǒng）然：惊惧的样子。鏦鏦（cōng）铮铮：金属相击的声音。砭（biān）：古代用来治病的石针，这里引用为刺的意思。绿缛（rù）：碧绿繁茂。余烈：余威。渥：红润的脸色。黟（yī）：黑。戕（qiāng）贼：残害。

这篇赋精心布局，从秋声起笔，再以星月皎洁、四无人声烘托，呈现一幅萧瑟幽森的画面，最后以“四壁虫声唧唧”收尾，紧扣季节特色。中间两段铺陈开来，渲染秋天的肃杀及对人的影响。而以“念谁为之戕贼，亦何恨乎秋声”句，归结于“悲秋”的格调。全篇语言流畅，声情并茂，骈散结合，铺陈渲染，词采讲究，把无形的秋声写得可见可闻甚至可感，为传诵的名篇。

秋声赋

欧阳修

欧阳子夜读书，闻有声自西南来者，悚然而听之，曰：“异哉！”初淅沥以萧飒，忽奔腾而澎湃，如波涛夜惊，风雨骤至。其触于物也，鏦鏦铮铮，金铁皆鸣。又如赴敌之兵，衔枚疾走，不闻号令，但闻人马之行声。予谓童子：“此何声也？汝出视之。”童子曰：“星月皎洁，明河在天，四无人声，声在树间。”

余曰：“噫嘻，悲哉！此秋声也，胡为而来哉？盖夫秋之为状也；其色惨淡，烟霏云敛；其容清明，天高日晶；其气栗洌，砭人肌骨；其意萧条，山川寂寥。故其为声也，凄凄切切，呼号奋发。丰草绿缛而争茂，佳木葱茏而可悦；草拂之而色变，木遭之而叶脱。其所以摧败零落者，乃其一气之余烈。

“夫秋，刑官也，于时为阴；又兵象也，于行为金，是谓天地之义气，常以肃杀而为心。天之于物，春生秋实，故其在乐也，商声主西方之音，夷则为七月之律。商，伤也，物既老而悲伤；夷，戮也，物过盛而当杀。

“嗟乎！草木无情，有时飘零。人为动物，惟物之灵；百忧感其心，万事劳其形；有动于中，必摇其精。而况思其力之所不及，忧其智之所不能；宜其渥然丹者为槁木，黟然黑者为星星。奈何以非金石之质，欲与草木而争荣？念谁为之戕贼，亦何恨乎秋声！”

童子莫对，垂头而睡。但闻四壁虫声唧唧，如助予之叹息。

我的点评（三）

我看了同学们写的文章，基本能够话从己出，也就是自己写的，写自己的。写作是创作，最忌讳抄袭。抄袭，往大了说，就是人品问题。所以，写作首先要做人，做一个襟怀坦荡、堂堂正正的诚实之人。毕竟人品决定文品，这点同学们一定要记住。至于文中如“看万山红遍，层林尽染”“落红不是无情物，化作春泥更护花”等诗句，则是引用。而恰当引用，会为文章增光添彩，这不叫抄袭。同学们的文章，无论写人，还是写事，抑或记景，能够写得较为生动、细腻。总的感觉不错，同学们不愧为学校选拔出的优秀学生。

下面，针对同学们文章中的一些问题，具体谈谈，希望同学们以后注意。以后在作文中注意了，不再犯了，这就是收获，而且是很大的收获。

一是写作要注意题目。文章的题目，有如人的眼睛。所以，写文章必须起好题目。题目，不仅规范着一篇文章的写作内容、顺序、结构，还会为文章点睛、提神。从这个角度说，起了一个好的题目，甚至等于文章写好了一半，起码我是这么认为。比如陶渊明的《桃花源记》、苏轼的《赤壁赋》、朱自清的《背影》、孙犁的《秋凉偶记》等。记得九几年一次举行文学作品研讨会，一位评论家说，他认为有两部作品的题目最好，一个是浩然的《苍生》，一个是贾平凹的《浮躁》。好在意蕴丰富，甚至高度概括了一个时代的人们的心境与心态。这两部都是长篇小说，是这两位作家的代表作之一。同学们写的题目呢，《秋踪》《枫满秋天》还不错。像《秋》，有两位同学是这个题目，感觉有些泛泛了，没有写出特定情况下的季节特点，因为我们是深秋赏红叶。又如《秋风起，秋叶落》，似是一篇文章的起句，不大像是题目。这是些景物的，再看看写人物的，《印象》，什么印象呢？可以用于人，也可以用于物。《柴福善老师》，似乎也不够完整，总觉前后缺点什么词搭配。记得德国蔡特金写过一本书，题目叫《列宁印象记》，可作参考。

二是写作要注意层次。一篇文章，甭管长短，总有自己的层次，如苏轼《记承天寺夜游》：

元丰六年十月十二日夜，解衣欲睡，月色入户，欣然起行。念无与为乐者，遂至承天寺寻张怀民。怀民亦未寝，相与步于中庭。

庭下如积水空明，水中藻荇交横，盖竹柏影也。

何夜无月？何处无竹柏？但少闲人如吾两人者耳。

全文分三层，第一层叙事。点明时间，写与张怀民一起来院子中间散步。叙事朴素、淡泊，自然流畅。第二层写景，只用18个字，就写出一个月光澄澈、竹影斑驳的幽静夜景，衬托出作者闲适的心境。第三层议论、抒情。全文仅83个字，以极为简洁的文笔，把叙事、写景、抒情紧密结合，勾勒出一幅优美的月夜景色图。文笔潇洒从容，耐人寻味。我们的文章呢，如孙铭晨同学的《印象》，前有开头，后有结尾，中间三部分写与老师的三次相见，一次比一次深入，文章较为完整，层次较为清楚，感觉有驾驭文章结构的能力。我们有些文章，层次就分的不那么清楚，我不一个个举例了，希望同学们今后一定要注意，这是写作的基础。

三是写作要注意段落的划分。文章的段落，其实是与文章的结构、层次乃至内容密不可分的。文章也要讲究匀称，就像一个人一样，往那里一站，头、胳膊、腰、腿，要四称，假如头大、胳膊长、腿短，看去就会不协调。文章也如此，尽管段落体现的是一种形式，但形式也是内容的具体体现，也是十分必要的，而不是可有可无的。如叶繁同学的《秋踪》，题目起得不错，其中描写也较为细腻，丁老师评语是“有声有色”。这且不论，只说段落，全文23行，分为4段，第一段3行，第二段2行，第四段1行，这3段加起来才6行。而第三段一段竟然17行，就显得肚子太大，腿只有1行未免太小。假如重新整理，也许是篇不错的文章。再如芮涵霞同学的《柴福善老师》，这篇文章写得真的可以，如“本上密密麻麻的字写满了每一页，字迹工整，却因为时光的流逝显得有些泛黄、发旧”的描写，可看出观察不仅细致，而且描写准确到位，文字功力不浅，只是在段落上还可以适当调整。全文5段，33行，其中第二段14行，占了近小一半。要是把三四段并为一段，且展现再充分些，因为就见过老师两次面，一次写一段，再有开头结尾，也就大致可以了。

四是写作要注意前后照应。简言之，照应为使文气贯通，脉络清楚，文章的下文与上文或前后要相呼应。不能上面写了，后面没有下文，或没有交代，就不完整了。当代大作家宗璞散文《紫藤萝瀑布》，开头：“我不由得停住了脚步。”仅此一句，也是第一段。结尾：“在这浅紫色的光辉和浅紫色的芳香中，我不觉加快了步伐。”这是最末一段。前写停住了脚步，后写加快了步伐，这就是照应。贾雨萱同学的《秋》，开头写“我开始爱上了美丽的秋天”，结尾写“秋天，我热爱这个美丽的季节”。这也是照应。而柳亚林同学的《秋日游记》，写了近800字，有散文韵味。丁老师评语为“视角新颖”。这篇文章好好修改一下，应该是不错的。只是文章开头，写到了幼时一起捡拾红叶做标本的小女孩，感觉很美。可文中及结尾，却再没有写到这个小女孩，感觉就没有前后照应。有照应，全文就显得严谨。同学们在作文中，一定要把握好这一点，不能顾头不顾尾，或顾尾不顾头。有头有尾，文章才是完整的，才是严谨的。

五是写作要注意遣词用字。遣词用字，是写作中基础的基础，因为写作就是用语言来表现内容。我们谈一个作家的特点，其中很重要的是他的语言风格。所以，绝不能忽视语言的运用，具体的就体现在遣词用字上。

我们先谈遣词，即是对词语的把握与运用，所用一定要贴切。比如芮涵霞同学的《柴福善老师》，结尾写道："现在我的写作水平已经突飞猛进，这都是多亏参加了文学社。""现在"后面可以加一逗号，更好。这句的意思是说自己通过参加文学社，写作水平有了一定提高和进步，这是可能的，话说的也没毛病。关键芮涵霞同学是新人，仅仅参加两次文学社活动，就用"突飞猛进"这个词，觉得似乎有些过了，毕竟写作不是一朝一夕的事。柳亚林同学的《秋日游记》，引用了清代龚自珍"落红不是无情物，化作春泥更护花"句。大概因为我们赏的是红叶，而诗句有个"红"字，可能就随手引用了。要知道"落红"是指落花，这里指的是春天的落花。记得唐代大诗人李白写有"君不见黄河之水天上来，奔流到海不复回"句，而当代大诗人贺敬之在《三门峡——梳妆台》有"责令李白改诗句，黄河之水手中来"句。借用此意，你不妨也试着改改诗句，为你写秋所用。

用字亦如是，也要准确到位。如孙铭晨同学的《秋路上》，引用南宋陆游《游山西村》“山重水复疑无路，柳暗花明又一村”的诗句，把“复”字写成了“富”字，读来意思就变了。再有，有几位同学写“黄栌”，都写作了“黄庐”，私自给树改了名字。不多举例了。文章里遣词用字不准，甚至写了错别字，怎么能成为好文章呢？就是答题考试，大概也要被扣分的。同学们一定要注意，我建议大家买一本《现代汉语词典》，遇到不会写或拿不准的，就随手查查。引用的诗词文章，最好也要与原文核对一下。不能啥都凭记忆，以免出现不必要的错误。日积月累，对同学们一定是有益的，而且是终身受益。说到《现代汉语词典》，三四十年来，我已经用了四五部。同学们是中学生，不要老用那小本的《新华字典》，不够用。

我们今天针对同学们写作中的问题，简略谈这么几点，以后有些重要内容会专题具体深入地再讲。

心里时时张着一张想写的网

——写作的意识

对于写作而言，注意观察，注重积累，这些都是很重要的基础。在这个基础上，我觉得还要有一种写作的意识。好像一般的写作书本里，往往都是谈写作结构、写作手法等，对写作的意识的问题，似乎一般谈的不多。今天就我的理解，我的体会，与大家简略地谈谈。

意识，我想就是我们对万事万物的感知。而写作的意识，就是写作时对所写对象的感知。这里谈的“意识”，和“物质”一样，本是哲学概念，不是三言两语说得清的，我们也不可能说得太细，说得太深，简单谈谈这个意思，大家能够初步理解就好。如果谁有兴趣，自下可以深入探究。这种写作意识，就要求我们在生活中，从心底要时时处处主动地留心，要有一种敏锐的感觉，对什么不能麻木不仁，更不能无动于衷。比如以前讲的俄国大作家果戈理，如果没有写作意识，他就不会在饭馆里见到一张菜单，放着饭菜不吃，把请的朋友晾在一边，竟旁若无人地抄写，以致后来还写进小说中。又比如清代小说家蒲松龄，据说在家乡柳泉旁摆茶摊，请过路人讲奇异故事，记录下来。蒲松龄这就是以自觉的写作意识，主动地广泛地去积累素材，最终写出传之后世的文言短篇小说集《聊斋志异》。唐代大诗人杜甫如果没有敏锐的写作意识，在家国离乱之际，就不会见花落泪，闻鸟惊心，进而写出“感时花溅泪，恨别鸟惊心”的经典诗句了，因为那花那鸟与杜甫何干呢?

举一个我自己的例子，记得是在2017年9月12日上午10点多，我写作累了，按习惯出去散散步，休息休息，换换脑筋。我从信息大厦南面府前西街往西走，恰巧路边由于天旱正喷灌花草。当时太阳从东南照耀下来，天晴的很好，阳光无遮无碍地直接照在喷洒的抛物线状的水流上，一定是阳光所照与折射的角度恰到好处，正折射到我眼前的地上，霎时出现了一道彩虹（图19）。而且随着往前走，有多个喷头一起喷洒，以致出现不止一道彩虹。见此，我随手拿出手机拍下来，脑子里立马蹦出一句诗：“大地乘秋落彩虹”这应该是一联诗的下句，因为是秋天，所以写“大地乘秋”。而一般彩虹是雨后才现于晴空之上，可这却是在地上，也算得一奇。继续西走，仰头又见西边蓝天上有半轮月亮（图20），再拍下来，随即凑一句：“长天驾日寻明月”。白

图 19　大龙环岛西侧街北，喷灌出的彩虹（手机摄于 2017 年 9 月 12 上午）

图 20　在府前西街行政服务中心处望蓝天月亮（手机摄于 2017 年 9 月 12 上午）

天看见月亮，也属难得。尽管这句后写，确是一联诗的上句。回来后，稍加整理，编发一条微信："长天驾日寻明月，大地乘秋落彩虹"，且配了 4 张照片。谈及诗句，这里顺便说一下，大家读古诗一定知道，古人往往上句写天，下句一定写地；上句写近景，下句一定写远景。如"大漠孤烟直"，写地上近处孤烟上天；下句"长河落日圆"，写天边长河落日，极其壮美。大家读古人之诗，一定要注意体悟，仔细品味。我这里也是，上句写天上的月亮，下句写地上的彩虹，也算对仗工整，平仄和谐了。

我再举一个例子，这就是去年（2018）一冬无雪，却在今年（2019）正月一再地下雪。记得是连续下了三次，我连续写了三首小诗。请看第一首：

何不随风化作细雨

题记：狗年一冬几乎无雪，却在猪年春天才来，倒稀零零下了大半日似有似无的雪。漫步小城街头，面对此情此景，即兴成此小诗。

不声不响

冬天甩甩手

说走就这么走了

没有雪　冬天再冬

也显得几分平庸

谁知才走进春天
雪却随心所欲地下了
下得好像洋洋洒洒
可没一片落到地上
总觉是迟迟地应景

何不随风化作细雨
悄悄润向——
渴盼了一冬的
眼睛与大地
河流与心灵

2019年2月12日（正月初八）于善书斋

我举了自己的两个小例子，我想这应该就是敏锐的写作意识。

平时要注意对写作意识的培养。在生活中，如走在路上，或游览风景，眼中看到的，心里想到的，什么都可以进入笔下。比如我们金海湖欣赏红叶，既要看到满山红叶的大景，又要看到一片红叶的细节，甚至还看到红叶下的野菊花、飞鸟等。在写作意识的观照之下，这些就会成为文章的重要细节。不然，可能就一看一过，赏自自然，转眼又慷慨地还给自然了，这怎么能写出好的文章呢？读书也是，在读书过程中，不定哪篇文章或文章中的哪句话、哪个细节，就可能激发起写作的意识，由此就能够写出一篇作品来。生活无处不在，我们也应该随时随地着意自己的写作意识才行。

要注意写作意识的锻炼。我们平时忙于学习，很少写文章。所以，我们一坐下来写，就常会觉得没啥可写的。其实，我们要把在写作意识之下看到的想到的，随手记下来，就像我上面看到地上的彩虹、白天的月亮而蹦出的两句诗一样，赶紧写出来。日后整理，就可能成为一篇完整的作品。久而久之，慢慢就会感觉可写的东西实在很多，也就具备了写作意识。那时，天上地下，花鸟自然，人类动物，几乎万事万物，大事小情，无不可进入笔下。如大河滔滔滚滚，想写也写不尽了。大作家的写作意识一般往往极强，就是随便与人闲坐聊天，也不定哪句话就能碰撞出心灵的火花，而写出一部小说或一篇文章来。什么事都不是天生就会的，只能说一个人的天赋有高低，有差异，但世上无难事，只怕有心人，只要用心练习，就一定能够熟能生巧，巧而生辉。

我们在对写作意识的培养和锻炼的基础上，要逐步养成写作意识的这种自觉。不是说，走在路上，或者进入景区，或者读书时，心里老是得想着我的写作意识，或者我得写什么，那样心就太累了，况且一心不可二用。其实，一旦养成自觉，写作的这种意识在自己内心的潜意识里，就像一张大网一样随时张开着，捕获着想写的能写的可以写的东西。这种自觉的养成，就会使写作意识时时处处伴随着自己，根据自身的能力和需要，想写什么就写什么，想怎么写就怎么写，这就使自己的写作进入了一种常态，甚至一种“下笔如有神”的自如的境界了。

我想，这种写作意识的养成，是一个人写作提高的重要前提。希望大家能够通过自己的培养、锻炼，通过自己的不懈努力，而逐步达到一种写作的常态，写作的自觉。这样，离我们写好一手文章，甚至成为作家的梦想，也许就不会太远了。

2017 年 12 月 10 日草于善书斋，11 日改，12 日又改，
2019 年 2 月 26 日再改，3 月 6 日晨改定于善书斋。

【阅读与欣赏】

范仲淹，北宋著名政治家、文学家。幼年家贫，刻苦求学。入朝为官后，关心人民疾苦，不计个人安危，一再上书朝廷，主张革除积弊，改良政治，受到保守派排挤，由参知政事（副宰相）贬至邓州（今河南西南部邓州市）做地方官。

《岳阳楼记》为范仲淹应好友巴陵郡太守滕子京之请，于北宋庆历六年（公元 1046 年）九月十五日为重修岳阳楼所作。时滕子京因遭诬陷而贬谪至此。文章将叙事、写景、说理融为一体，不同于一般写景抒情之作，巧于布局，中间大量运用排比、对仗，铺张写来，辞藻华丽，视野阔大，胸怀坦荡，摇曳多姿。其中“先天下之忧而忧，后天下之乐而乐”句，为后世所传诵，鼓舞着多少仁人志士以天下为己任而奋斗不息。

岳阳楼记

范仲淹

庆历四年春，滕子京谪（zhé）守巴陵郡。越明年，政通人和，百废俱兴。乃重修岳阳楼，增其旧制，刻唐贤今人诗赋于其上。属（zhǔ）予（yú）作文以记之。

予观夫（fú）巴陵胜状，在洞庭一湖。衔远山，吞长江，浩浩汤汤（shāng），横无际涯；朝晖夕阴，气象万千。此则岳阳楼之大观也。前人之述备矣。然则北通巫峡，南极潇湘，迁客骚人，多会于此，览物之情，得无异乎？

若夫淫雨霏霏，连月不开；阴风怒号，浊浪排空；日星隐曜（yào），山岳潜形；商旅不行，樯（qiáng）倾楫（jí）摧；薄（bó）暮冥冥，虎啸猿啼。登斯楼也，则有去国怀乡，忧谗畏讥，满目萧然，感极而悲者矣。

至若春和景明，波澜不惊，上下天光，一碧万顷；沙鸥翔集，锦鳞游泳，岸芷（zhǐ）汀（tīng）兰，郁郁青青。而或长烟一空，皓月千里，浮光跃金，静影沉璧；渔歌互答，此乐何极！登斯楼也，则有心旷神怡，宠辱偕忘，把酒临风，其喜洋洋者矣。

嗟（jiē）夫（fú）！予（yú）尝求古仁人之心，或异二者之为，何哉（zāi）？不以物喜，不以己悲；居庙堂之高则忧其民；处（chǔ）江湖之远则忧其君。是进亦忧，退亦忧。然则何时而乐耶？其必曰“先天下之忧而忧，后天下之乐而乐”欤。噫（yī）！微斯人，吾谁与归？

时六年九月十五日。

我的点评（四）

本来是准备接着往下讲的，但看了前两次4位同学修改的作文，我想还是结合大家写作的实际，再来一次点评，也许对大家今后作文会有益处。

作为写作，我们心里应该明白，什么样的文章，是较为完整的文章，算得上是较好的文章。简单地说，我想应该是主题突出，结构完整，层次清晰，语言顺畅，甚至富有文采等。这主要是对文学中的散文而言。我们先看看孙铭晨同学的作文。

这篇作文，总的感觉，就是主题较为突出，结构较为完整，层次较为清晰，语言较为顺畅，且有一定文采。文章主要是写对老师的印象，分三个层次，先写读书演讲的初见，再写文学社的第一堂课，又写石林峡采风，一次比一次深入。文章有开头，有结尾。而开头是概括的总写，下面三个层次就是依此而渐次展开。结尾写希望，且与文中呼应，这就是第三段末尾“不过我相信这只是老师知识的冰山一角”，最后一段末尾“也要把他那知识的冰山多挖出一些来”，就使全文显得环环相扣，结构严谨，而且文中处处有“我”，是“我”眼中所看到的老师，称得上一篇不错的作文。

当然，不是说就十全十美了，也有些问题需要注意。一是有些词语需要更为确切，如“只是认得了他的声音”的“认”字，一般我们都是用眼睛看到了谁或什么，就认得了或知道了，声音怎么看呢？根据上下文，可以改为“记”字。往下，“那是一种不算特别好听”的“好听”的词，是写“我”的听觉，不是直接写声音。为与下面写的“音色”等吻合，可以改为“响亮”，“响亮”是直接写声音了，且是“我”感觉到的老师的声音，似乎更好些。写文章，这种语感，这种语言分寸的把握，很重要，不是随便拽一个字或一个词安这儿就得，需要大家认真琢磨、感悟，挑选一个最为恰当的字或词为好。

二是有些标点的使用，如“所以第一次相见我便把柴老师当成了一个 50 岁左右‘大爷’辈的人了”，这句显得有些过长，可以分开，在“相见”后面加个逗号为好。“这一次的近距离接触可把我对柴老师一开始的印象击了个粉碎。”又一个大长句子，就一个句号，写文章尽量不要一句一个句号，可在“接触”后面加个逗号就好了。第三段“第二次相见”，加个逗号，改为“第二次相见，”。而有些标点多余，也可以去掉，如“就是：音色有些辨识度”句，“就是”后面的冒号可以去掉，连为一起，改为“就是音色有些辨识度”，不是也很通畅吗？大家一定要记住，标点也是语言，而且是非常重要的语言，并非可有可无，不能随意标点，一定要像用字词一样的推敲、讲究才行。

三是有些字句的精炼，写文章忌讳啰唆，能用一个字就不要用两个字，能用一句话就不要用两句话，不要为凑字数，可有可无的字句尽量就不要，从而使文章更加简练精确。如“老师在前头带路”的“在”字可去掉；“还有一块从中间断开的巨石，那石头从中间断开”中两处“中间断开”，“那石头”也多余，可简略为“还有一块巨石，从中间断开”，是不是就精炼多了，意思还没变呢？“老师和我们讲原来这块巨石前并没有栏杆”，“和我们”3字多余，直接写“老师讲”就好了；“这‘文’字不仅有表面的‘文字、文词’等解释，它还有”中“它”字，可删。有些句子也可删掉，如“老师说原来修路的时候，因为这棵老树在还未修成的路的中央，他们便特意绕过这棵老树”，删掉“因为这棵老树在还未修成的路的中央，他们便”，改为“老师说原来修路的时候，特意绕过这棵老树”，就简练多了；又如“让我不禁惭愧，也暗自感叹老师的身体好看来以后我也要加强锻炼啊！”，后半句要也行，不要也可以，干脆不要，写作“让我不禁惭愧。”，简单利落了。

四是有些语句需要更为完整，如“年龄就算大不会太大”，缺东西，加个“也”字就好了，改为“年龄就算大也不会太大”；“气喘如牛”前，加个“却”字感觉更好，因为语句有个转折。

五是结尾还是可以推敲，“这是我对老师的印象，希望在余下能与老师相处的时间，我能更加了解他，也要把他那知识的冰山多挖出一些来。”，如“在余下能”可改为“以后在”，“时间”改为“时间里”，“我能更加了解他”改为“能够更多地了解老师”，“也要把他”改为“把老师”。比如去掉“我”字，因为前边已经有个“我”字，不需要后边的“我”字了。全句改为：“这是我对老师的印象，希望以后在与老师相处的时间里，能够更加了解老师，把老师那知识的冰山多挖出一些来。”是不是更为简练、更顺畅、更明白了呢？

六是题目，现在是“印象记”，后面好像是副标题“——柴福善老师”。其实，可以结合一起，不妨写作“柴福善老师印象记”，借鉴德国蔡特金写的《列宁印象记》题目，未尝不可，这不叫抄袭。对于你们，先要多学习，多借鉴，甚至模仿，是可以的。而借鉴、模仿，是为了尽快提高自己，为了以后自己更好地创造。

下面是修改以后的作文，请孙铭晨同学给大家朗读一下，大家感觉这样修改是否更好一些了呢？

柴福善老师印象记

北实附中初二 4 班　孙铭晨

我与柴老师的相处已一学期有余，在我脑海里的印象虽对他没有完全影像，但也有个大概。

第一次见柴老师，还是在他来演讲的那一次，因我是个近视眼，且忘戴眼镜，所以对柴老师的形象并不清晰，只是记得了他的声音，那是一种不算特别响亮，但也让人觉得干净舒心的声音。若以物理老师所授的知识来说，就是音色有些辨识度，音调适中，响度不大不小刚刚合适。所以第一次相见，我便把柴老师当成了一个50岁左右“大爷”辈的人了，因为我觉得有这种清楚口齿的人，年龄就算大也不会太大。

第二次相见，就是在加入文学社后了。这一次的近距离接触，可把我对柴老师一开始的印象击了个粉碎。他理成板寸的白发根根分明，精神地竖立着，体格有些瘦，眼睛没有他那个年纪应该有的浑浊，反倒清明得很，脊背挺得笔直，看起来整个人都特别精神、硬朗。不过这次相见可不止打破了我对老师最初的印象，还让我对柴老师的敬意又深了一层。这文学社的第一节课实在让我印象深刻，光“文学社”这三个字，老师就可以讲上两节课，这“文”字不仅有表面的“文字、文词”等解释，还有“色彩交错；文理；美、善”等意思。这让我听得津津有味，也惊叹于老师知识的深厚，不过我相信这只是老师知识的冰山一角。

第三次的采风活动，让我对老师的了解又深了一层。在石林峡，老师前头带路，我们在后面看，老师讲了很多，但令我记忆深刻的是一棵长在路中间的大树，那大树有不下五十年的树龄了，老师说原来修路的时候，特意绕过这棵老树，把它留在了路中央。还有一块巨石，从中间断开，就像被人从中劈开似的，老师讲原来这块巨石前并没有栏杆，人可以从中穿过，我想那定是很好玩的吧。很快就到了台阶前，我们搀扶着攀爬，老师爬起来很轻松，反观我，却气喘如牛，让我不禁惭愧。

这是我对老师的印象，希望以后在与老师相处的时间里，我能更多地了解老师，把老师那知识的冰山多挖出一些来。

在这里，我想说一下，以后大家写作文，就以上面这种形式来写，先写题目，下面是班级、姓名，再往下是正文，要统一规范。

还有芮涵霞同学写的一篇作文，也是写老师的，写得也是不错的，上次点评有些已经说了，就不重复了。我想把结尾的最后一句，可以修改一下：“希望‘柴福善文学社’可以变得越来越好。”这是对文学社而言，不错，也没有错。假如从自己的角度修改：“今后，我一定会珍惜在文学社的时光，努力提高自己，让自己的写作更加进步。”是否会更好些？因为参加文学社，提高自己，这才是根本。当然，这也是文中有“我”。文章，尤其是散文，一有“我”，文章读来就会感觉更亲切、亲近，不然，就会显得“远”。

还有两篇写金海湖、将军关采风的。一篇柳亚林同学的《落叶情》，亚林你是否先谈谈你这样写当时是怎么想的？亚林是个男同学，站起来回答：“那天，我们来到了金海湖，看到满山的红叶，就使我想起了小时的那个女孩儿，想了很多，现在她去国外了。”原来是一篇由物而及人的作文。下面，我们先看看这篇作文：

落叶情

北实附中初二4班　柳亚林

落叶带走曾经我对你的思念，还记得幼时吗？我们总喜欢拾起一片红红的、小巧的落叶做标本，可惜你已经不在了，这里又到了秋高气爽的时节，只欠缺曾经于我一起做标本的那个女孩，此时我已抵达金海湖畔，望着满山的红叶，仿佛大地又穿上了似火的红装呢。

一路上油松、黄栌、枫树、千头春……一切的一切都到了热血的时节，走着走着，看啊！一朵野菊花长在岩石缝里，这是一朵小巧玲珑的野菊花，我不禁感慨万千：这就是生命的奇迹呀！在这个落叶缤纷百花凋零的时节，只有这菊花依旧开放，仿佛嘲笑着那些春日里傲娇的花儿。它很像你呢！表面上是那么的弱不禁风而内心却又如此强大，在摔倒时，不会像其他人那样抱怨而是站起来，继续走自己的路。

秋是一个奇妙的音乐家，而红叶则是他的乐器，我轻轻地踩在上面，聆听着这美妙的旋律，他时而轻缓，时而仓促。“咔嚓，咔嚓……”转过头去再踩一遍，又是一天新的乐章，我记得你也很喜欢音乐呢！喜欢的既不是肖邦也不是贝多芬而是自然，你曾说过“自然有他自己的魅力，有他自己的乐器，是与众不同的”。现在我信了，我拾起一片仔细地观察着，自然真实为精巧的雕刻家，这落叶就像小丫的鸭掌，上面的纹路是对人间的感慨，拿到鼻前一嗅，散发出不同寻常的香气，散发出对大树的感恩之情，真可谓“落枫不是无情物，化作秋泥更护树”。

在迂回的路上我才发现这些隐藏在杂草中的“小家伙”，他可是我们童年最喜欢的玩物呢！他叫“蒲公英”，他也因秋姑娘的到来穿上了褐色的礼服呢！旁边的一位同学拿起一多，轻轻一吹，吹走了蒲公英籽，吹散了童年的记忆，也吹乱了我的心。我总以为我会与亲人过一辈子，长大以后我们自然是要独立的，不可能与亲人过一辈子，路是自己闯出来的，而亲人则是强大的护盾。

走在另一条路上，回头仰望，可能有人赞美“春夏之绿”“冬日之白”，而我却赞叹“秋之红绿”。红色的杨树搭配绿色的松树，可谓巧夺天工，秋天的力量竟如此强大，我想：若是没有红绿色大衣，秋天的金海湖并不完美。

站在乱石之上俯视金海湖的碧波荡漾，听着南飞鸟儿的清脆歌喉，是多么惬意的一件事。如果你还在，我一定和你一起在这里收集标本，陪你欣赏金海湖的山水风情，听枫林中鸟儿的轻语，可惜不会再有那一天了，感谢秋天的独特礼物，让我成长起来懂得了许多，秋风起，秋叶落，我仿佛又看到你的剪影……

就这篇作文而言，在整体上也不错，可细读起来，有些问题还值得研究。小的方面，有几个错字，如“曾经于我”的“于”，应该是“与”字；“拿起一多”的“多”字，应该是“朵”字。有的缺少标点，如“似火的红装呢”，后面缺少一个句号。尽管这是些小节，但我们必须也要时刻注意，毕竟在一些境况下，“细节”可以决定成败。所以，写作，从小就要养成仔细认真的习惯，而不能有丝毫的马虎。有时一个字的错误，一个标点的缺失，就可能改变了意思，甚至影响到整篇文章，这不是危言耸听。我恍惚记得小时听大人说的一件打官司的故事，某人家里有不少树，其中有一棵杏树。在打官司时说那棵杏树是人家的，主人也没意见。后来，文书上写着“姓树”是人家的。“杏”与“姓”谐音，但一字之差，那满院子树都归人家了。像亚林同学出现的这种情况，我想可能是写完了，就大致看看，而没有仔细检查修改所致。不然，不会出现这种情况。这点不仅是对亚林同学，也是对大家说的，大家一定要记住。

我们再从大的方面看，文章整体似是叙事，因为第一段就写到了“我们总喜欢拾起一片红红的、小巧的落叶做标本，可惜你已经不在了”，好像也力图符合“落叶情”的标题。要是这样写下去，就需要这个童年的小女孩贯穿全文，我们看，第一、二段写到了，第三段是主要段落，写的是音乐一般的秋景。第四段似写到女孩似又没写到。第五段写景与感想。第六段结尾又提到了“你”。应该没有贯穿始终。而这八九百字的小文，不适宜写的这么复杂，似乎这么短的文字也不足以负载这么多的东西。我觉得，文章还是单纯一些好，把这一点写透了就可以，而不要把想到的什么东西全都硬塞这里。关键是插进了这个童年的小女孩，就使文章的结构复杂了，叙述就不再那么简单了，这对于初学写作的你们来说，可能不免有些费劲，一时也许就择（zhái）拉不开了。

另一篇贾雨萱同学的《我爱你，秋天》，我当时看稿时也改了很多，不细说了。就大的方面看，这种文章有两种写法：一是去掉小题目，变为连贯的一篇；二是成为3个各自独立的小篇章，大题目可以改为如《秋日三章》类的题目。我也曾写有类似散文诗的小文，题为《短笛轻吹》，在“题记：素琴无弦而常调，短笛轻吹而自适”的题记下，曾经发表过几组。比如《蜗牛》：

蜗牛应该是一只虫子，无论身躯，抑或力气，蜗牛小小，怎能与庞然大物的牛相比？可为啥又偏偏称之为牛呢？是由于头上也生着犄角吗？

家乡的孩子，都称其为水牛儿，平时在阴暗潮湿的角落里待着，往往雨后才晃晃悠悠地爬出来。孩子们一边盯着水牛爬，一边拍着手唱：水牛儿，水牛儿，先出来犄角后出来头。水牛儿确实是蜷缩壳里，就在清纯的歌谣中，一点点试着将身子探出来。

蜗牛是行动缓慢的象征。

蜗牛背上驮着自己的家，顺理成章，蜗居也就成了居家狭小的代名词。

无论孩子怎么唱，无论世人怎么说，千百年来，蜗牛只管按自己的习惯生活，走着自己的路。

身后留下一道白白的印迹，是蜗牛用生命书写的自传。

就是这样一篇篇的，放在一起，形成一组组的《短笛轻吹》。雨萱这篇，以哪种结构都可以，无论哪种，像中间写“秋声”这段，内容显得有些薄，都要扩展，要写得再充分些，与上下相协调。

这两篇写秋的文章，要是严格地说，都有些跑题，我们是去金海湖、将军关赏红叶，作文无疑就要写秋天里的金海湖、将军关的红叶，才符合要求。发给大家我写的《平谷红叶胜香山》一文，就是参考。当然，这篇散文也说不上是多好的范文，可作为大家参考还是可以的吧。两篇作文，没主要写红叶，应该就是跑题。如果你泛泛地写红叶，甚至写其他地方的红叶，也不算符合要求。确切点儿说，应该是写金海湖、将军关（地点）的深秋（时间）的红叶（内容），在此基础上，可以思接千载、视通万里地生发开来，去联想，去引用，去抒情。所以，大家今后一定要学会审题，领悟透要写什么，有什么要求，才能写得更好。千万不能信马由缰，更不能想当然，这是写作很忌讳的！

因时间关系，不可能把每一篇作文都谈得很细。就这样，我感觉今天也已经讲了不少，尤其是存在的问题，我们也只是重点讲了孙铭晨同学的作文，又从文章结构上简单讲了写秋的两篇，希望大家一定要学会举一反三，今后能够不再出现类似的问题。若此，就是这堂课大家最大的收获。

【阅读与欣赏】

这是我写的一组散文诗，主要写平时看到的身边的东西，尤其我写累了，到信息大厦东边的广场散步，随时有所触动，回去就赶紧写出来。渐积渐累，就成了这一组，寄给《京郊日报》副刊，以一版篇幅刊发。

短笛轻吹

柴福善

题记：素琴无弦而常调，短笛轻吹而自适。

蚯　蚓

我追忆去世的父亲时，曾形容父亲就像蚯蚓在泥土里滚了一辈子。有评论家谈及我的散文，还提到了这个比喻。

蚯蚓生长在泥土里，吃的是泥土，吐出的也是泥土。泥土就是蚯蚓全部的世界。

蚯蚓怕水。一旦下雨，甭管大小，只要泥土过于湿润了，蚯蚓就赶紧钻出来。有时赶上大雨，雨水汪在地里，汪在路上，蚯蚓没处藏躲，就会淹没水中，随之沉浮。蚯蚓终究不是鱼儿，没有皆若空游无所依，俶尔远逝，往来翕忽的本领。

就在雨水淌去，蚯蚓被随便抛置什么地方，蜷曲着吃力地向着泥土爬去。它想不到，再爬也爬不到曾经的家了。因为太阳出来，大地很快就晒燥裂了，蚯蚓没裂，可肚子里的泥土却先晒干了。晒干了，也保持着最后向前蜷曲爬动的姿势。

一个孩子走来，俯身轻松拾起，举着喊着跑向河边钓鱼去了。

小　鸟

雨还在下着，只是略小些了。我撑把伞出去，做个诗意的散步。

路上没有别人的脚步，树林很静，草地很静。只有细密的雨滴，淅沥沥有节奏地敲打着伞面，溅起“斜风细雨不须归”的意蕴。

忽然，一群小鸟，叽叽喳喳叫着，抖动着憋闷了半天的翅膀，从躲藏的树枝上飞落下来，或啄食草尖晶莹剔透的水珠，或互相翻飞啼鸣，一派欣欣欢乐的样子。

随着鸟们的到来，雨愈来愈小了，直至小的感觉不到了。厚重的云也随之疏散开来，天顿时亮堂许多。

我便想，小鸟作为动物的一个种类，一定是有感知自然的本能，知道雨要停了，才一起召唤着飞出来，享受雨后的快乐。而人作为高级动物，时时在进化，进化中是否也同时丢失了一些本能的东西呢？

如果人进化到极致，本能的东西会不会就丢失殆尽了，到那时，人还是人吗？

蜗　牛

蜗牛应该是一只虫子，无论身躯，抑或力气，蜗牛小小，怎能与庞然大物的牛相比？可为啥又偏偏称之为牛呢？是由于头上也生着犄角吗？

家乡的孩子，都称其为水牛儿，平时在阴暗潮湿的角落里待着，往往雨后才晃晃悠悠地爬出来。孩子们一边盯着水牛爬，一边拍着手唱：水牛儿，水牛儿，先出来犄角后出来头。水牛儿确实是蜷缩壳里，就在清纯的歌谣中，一点点试着将身子探出来。

蜗牛是行动缓慢的象征。

蜗牛背上驮着自己的家，顺理成章，蜗居也就成了居家狭小的代名词。

无论孩子怎么唱，无论世人怎么说，千百年来，蜗牛只管按自己的习惯生活，走着自己的路。

身后留下一道白白的印迹，是蜗牛用生命书写的自传。

峨眉月

那年我去四川峨眉山，是九月的秋天，只是秋得不是很深。“峨眉山月半轮秋”，可我连这半轮都没有看到，便以为峨眉月被诗仙李白带走了。

不曾想，家乡也有峨眉山，我来时也是九月的秋天，而且是中秋。月在山上，满满的一轮，让我尽情地畅望。月里那恍惚移动的影子，可是嫦娥？此时此刻和我一样地望？我是仰望明月，你却在眺望故乡。想以你名字命名的飞船已经飞上去了，你怎不搭乘着回来呢？

手把一壶酒，斟满。举杯邀月，却没有对影三人，因为我还清醒，明白“今人不见古时月，今月曾经照古人”，也就是当年照着李白的月亮，此刻又照着我呢。而李白当年一定是醉了，才信口吟咏出这样的句子，一下醉了多少后人。我只能跟着吟咏，但尽量不要醉，一醉依里歪斜地想吟咏都不成了。

李白醉着一抖长袖吐出半个盛唐走了，就让东坡夫子“把酒问青天”吧，问完了好“一樽还酹江月”，不然，太多情就会像我早生华发。

一样的峨眉一样的月，一样的青天一样的秋。举目，心随月光，早引诗情到碧霄了。

楼台倒影

一汪湖水，绿得如一片荷叶，静得没一丝波纹。

岸畔楼台，倒映湖里。真切的影像，使我一时分不清究竟哪个是实物，哪个是倒影。

一只小鸟飞来，斜着翅羽剪水，剪破了这份宁静。霎时，楼台也在缓缓扩散开来的涟漪中了。

我坐湖畔品读哲学，忽觉岸畔的楼台无疑就是唯物主义，湖里的楼台就是唯心主义。而唯物唯心之外，也就是岸畔与湖里之间又是什么呢?

书里没有答案。

另一种风景

一棵树，树下两块石头。

树很老，老得树干都空透了，甚至长满了树瘤；石头很混沌，混沌得说不出到底像什么或不像什么。老树与石头不知什么时候混沌一起，很自然地组成一种风景。

过往的人们，总禁不住远处或近处观看。热了，还会树下乘凉；累了，就随便坐石头上歇息。

有一年冬天过后，该发芽的春天里老树没有发芽，更没有展叶、开花。老树枯死了，便被人们伐去了。就地留下一个粗大的树桩，露出一圈套一圈的不很浑圆乃至交叠一起的年轮。

没有了老树，一时间显得很空旷。

没多久，人们便依然如往常地过往，依然如往常地或远或近地观看，依然如往常地坐石头上歇息。

这一切，已然成为另一种风景。

改变不了世界

秋天了，很多野花还鲜艳地开着，很多虫子还不停地叫着。

也许它们明白，等秋天一过，就不能再开，就不能再叫了。不是它们不能开、不能叫，而是它们过不了冬天。

记得过去有人养蛐蛐，放蛐蛐罐里，一直到冬天还清脆地叫。

我也是可以挖一棵两棵喜爱的野花，栽进自家盆里，冬天也一定会照常开放。

我挖一棵两棵，还有满地野花呢?

谁也不能让地球永远是生机勃勃的春天。

我才明白，以我一人的微薄之力，挖一两棵野花可以，却是根本改变不了这个世界的。

冥思苦想巧酝酿

——写作的构思

前面我们相继谈了与写作有关的观察、积累，还有写作意识等，尤其强调要有自觉的写作意识，心底有一种写作的愿望，注意保持一种写作的常态。这就是说，心底时时张着想写东西的这张网，以捕捉映入眼帘的人物、事物、景物，捕捉脑子里随时生发出来又可能瞬间消逝的写作灵感。想写，无论写什么，都要进行构思，这是动笔之前要做的。

这里谈的构思，主要是结合我自己的写作体会、感受来谈，谈我动笔写作之前这个酝酿过程，也可能与课堂上老师讲的作文构思不完全一样。我记得在哪里看到一个资料，总结几种如“一字（词）贯穿构思法”“片断组合构思法”“悬念设置构思法”“纵横对比构思法”“欲扬先抑构思法”“时空推（转）移构思法”等。这些所谓构思的方法，我总觉得更像是一些具体的写作方法。

其实，我想所谓构思，应该是在自己有了写作意识，也就是我想写什么，且有了大致的题材，比如我们采风金海湖红叶回来，打算写写金海湖红叶，开始动笔之前，在我看来，这个酝酿过程就是构思。真正进入到写作的时候，脑子里一切基本已经想好了，胸有成竹，水到渠成，挥笔就行云流水的写了。

构思可以很快，即情即景，脑子一转就开始写，像那些较短的篇章或一首小诗就如是。有些长篇作品确实需要很长时间的琢磨，反复地琢磨，不厌其烦地琢磨，甚至不排除琢磨很久又推倒翻盘，另起炉灶，重新琢磨，乃至几年、几十年地琢磨，古今中外这样的实例屡见不鲜。比如莫言，我国第一位诺贝尔文学奖获得者，据说他创作长篇小说《蛙》(图21)的时候，酝酿十余年，笔耕四载，三易其稿，终于潜心打造了一部触及国人灵魂痛处的长篇力作，因而获得第八届茅盾文学奖，

图21　莫言所著《蛙》(上海文艺出版社出版，2009年版、2011年第5次印刷的)

这是我国长篇小说的最高奖。我们再看美国作家海明威，1951 年在古巴写了一部中篇小说《老人与海》。在这 15 年前，海明威曾写过一篇关于一个古巴渔夫的通讯，《老人与海》就是在此素材的基础上，海明威经过十多年的沉寂酝酿而成。1952 年作品一出版，立刻轰动世界文坛，1954 年获诺贝尔文学奖。两位作家的两部作品，可巧都经过十余年酝酿，且都成为了名作经典。再举个例子，法国 19 世纪伟大的批判现实主义作家巴尔扎克，在写了多年、多部作品后，才决定用统一的构思把这些作品联结起来，也把以后写的作品贯穿起来，起个总名就叫《人间喜剧》，其中包括 94 部小说，分为“风俗研究”“哲学研究”“分析研究”三类。这些作品既各自独立，又相互联系，从各个不同的侧面反映生活，有机地构成了一幅包罗万象的广阔的社会图画，被誉为“资本主义社会的百科全书”“法国社会的一面镜子”，像《高老头》《欧也妮·葛朗台》就是其代表作。这说明大作家巴尔扎克，构思是在边写作中边酝酿，那就不止十几年了，而是以毕生心血酝酿和创作的，最终才达到成熟的境界。

我们谈构思，究竟要构思什么？我觉得首先是题材。我每次上课后，在第二节课总让大家写篇文章，大家总爱说一句话：写什么呢？这个“啥”其实所问的就是题材，也就是你文章所表现的对象。我们到金海湖进行采风，对于金海湖，你总不可能把看到的什么都写上，必须要选择你熟悉的、你能写的、你最想写的、你触动最深的写。

再有体裁，我们说文学体裁一般有四种，这就是散文、小说、诗歌、戏剧，面对金海湖红叶这个题材，用什么样的体裁来表现？我们这个题材主要是写景、状物、抒情，很显然写成小说，写成戏剧，不大适宜，小说、戏剧需要人物，需要故事，需要矛盾冲突。只有散文和诗歌这两个体裁，才可以表现这两个题材。也就是说，写东西体裁与题材一定相适合，就像衣服适合身体这才协调，要不咋有个成语叫量体裁衣呢。

还有立意或主题或中心思想，这是所写的文章的灵魂。你写金海湖红叶，是写对大好河山的热爱，还是一叶悲秋，总也有个你心底想传达给读者的这个意思。而这个立意或主题或中心思想，可以大一些，也可以小一些；可以高一些，也可以低一些；可以明确一些，也可以含蓄一些，关键是要写出属于你自己的认识，能够认识到什么程度就认识什么程度，就可以了，但不会文章或作品没有立意或主题或中心思想的。如果真那样，大概就是一堆随便码那儿的散乱的、毫无目的、毫无意义、没有情感、没有温度的死文字了。

另外素材，我们明确了要写的题材，即要写的对象假如是金海湖红叶了，明确了要写的金海湖红叶中表达出的立意或主题或中心思想，就要考虑在这个大前提下，具体写哪些东西，金海湖有山、有湖、有红叶等，这是大家一起去看到的，可你写文章时究竟要选取哪些写入笔下，就要自己选取了，选取那些你眼睛所看到的、触动你心灵的、特别想写的、特别能够表达、能够融入你思想的东西。这样写出来，就是你自己的东西，才不会与别人写的雷同。而不相干的东西不要选，左也写，右也写，看到啥都新鲜，都觉得不赖，那就杂乱无章，就会湮没了主题。所以，不一定都选，“多多益善”那是韩信将兵，写文章不要这样，面面俱到也不一定就能成为好文章。最好是选几个点或几个侧面或几个细节，都集中指向一个共同的立意或主题或中心思想，就好了。

当我们明确了题材、体裁、立意、素材，就可以考虑动笔了。动笔前还要考虑怎么写，要围绕着主题精心地布局谋篇，这就是写作的结构，是下次课讲的内容了。

说到底，构思就是动笔写作前的酝酿过程，而这个过程是由一个混沌不清而逐步明晰直至明白的过程。构思重要的，我觉得是要自然，要巧妙。自然，就是要符合事物、事理的本真，别虚假，别做作。巧妙，我想就是精巧灵妙，出人意料之外，又在情理之中。最终写出的文章，要努力做到浑然天成，妙造自然。大画家齐白石 91 岁高龄画一幅画《蛙声十里出山泉》（图 22），这是画家应大作家老舍所出《蛙声十里出山泉》的题目所画。这是一句诗，出自清前期诗人查慎行《次实君溪边步月韵》诗。据说齐白石老人对此苦思数日。这“苦思”就是酝酿，就是构思。苦思数日后，挥笔而就：远处几笔青山，近处片片乱石，一股清泉从溪涧

图 22 齐白石画《蛙声十里出山泉》

中流出，几只活泼泼的蝌蚪在水中浮游。没画青蛙，却可从蝌蚪中而想见青蛙，甚至听到蛙声，真是“此时无声胜有声”，匠心独运，构思巧妙至极！我们上面举了莫言小说《蛙》的例子，这里又举了一个还是与蛙有关的齐白石画画的例子。说到底，艺术是相通的，都是用笔，一个是用文字表达，一个是用线条和颜色表达，但是动笔前的构思或苦思是一样的。

我讲构思要自然巧妙，也不是说我就全做到了，全做好了，起码这可以是我写作的一种标准，一种目标，一种追求。当然，讲的也不一定准确，主要是我的理解，如对大家写的时候有所启发有所参考甚至有所帮助，就可以了。

2018 年 3 月 2 日星期五草，

3 日改，4 日又改，

2019 年 3 月 20 日改定于善书斋。

【阅读与欣赏】

结合我所写的散文《我的梅州壶》，具体谈谈构思过程。

2018年1月，北京作协组织部分作家，去广东梅州创作交流。我作为作协理事，参加了这个活动。梅州位于岭南东部，来了才知道，这里原是“世界客都”“叶帅故里”，尽管我来时北方数九寒冬，可这里依然树木葱绿，花草绽放。这里还生产瓷器，且销往海外。当我走进一座陶瓷展馆，看到一把茶壶素坯，问问可以自己写画，经过上釉烧制，寄回我的案头。

这把壶我今天带来了，大家可以仔细看看。

当我接到这把壶，开始是随手写了个两三百字的微信小文，配几张图片。静下心来，面对这把小壶，我想要仔细写篇什么，有想写的愿望，题材就是这把茶壶。想想，感觉内容不少，写诗有些东西写不进去，也不便于表达，也表达不透，还是写篇散文合适，就定了体裁是散文。立意，梅州去了五天，看了好多东西，包括山水、古迹、民俗等，不可能在这一把壶里都写进去，最后确定写出自己对梅州瓷和这把壶的喜爱就可以了。素材呢，一是梅州瓷的历史；二是发现这把壶的过程；三是在壶上写画的过程和写画的内容及联想到的相关内容，比如由青花瓷联想到后周皇帝柴荣御制的青瓷，由壶底所写的一个“柴”字联想到柴荣御制青瓷瓶底的“柴”字，由所写“上善若水”四字联想到这句出处老子《道德经》及本义等；四是画师完善及上釉等过程。

对着文章回头说容易，其实动笔前构思，“写什么、怎么写”是花了两三天时间酝酿的。所想到的这些，都是具体的，零零散散的，皮皮片片的，不是一个完整的艺术整体，但大的方面基本就是这些，写起来基本出不了这个范围。至于哪个放在哪里，先写什么后写什么，就是根据文章的立意进行艺术的结构了。而结构得体，就容易写出好的文章来。

我的梅州壶

柴福善

来到梅州，才知梅州不仅是叶帅故里、世界客都，而且是陶瓷之乡，早享誉海内外。

近些年来，梅州地区已发现西周石正窑、唐代水车窑、宋代瑶上窑和明代余里窑、清代瓦坑窑及民国高陂窑等，三千年来窑火不断，绵延不绝，可见梅州陶瓷历史之悠久，源远之流长了。怎奈我来也匆忙，未能亲身窑址，一探古来窑室、窑床、火道究竟，所生产的青瓷也好，白玉瓷也罢，薄胎瓷也好，厚胎瓷也罢，自是无从知晓。至于青釉、酱釉、釉下青花、釉下五彩，更无缘目睹，只能从前人“白如玉，薄如纸，明如镜，声如磬”及“精巧玲珑”“秀丽典雅”“色彩斑斓”“精巧细腻”的倾尽妙辞的语境里，隔时空想象与欣赏了。而那道由梅江和汀江汇合而成，因韩愈谏迎佛骨被贬至潮州而后改称韩江的河流，就流经梅州。梅州瓷能够远销欧美，与这便利水运实则息息相关的。

既是不能探究窑址，我便走进一座陶瓷展馆。展馆坐落一个大院子里，排排物架，层层叠叠摆放着壶碗盘碟杯勺，各颜各色，各种各类，各式各样，大大小小，林林总总，琳琅满目，简直应有尽有，着实令我目不暇接。也是，如若美的东西太多，美的东西太美，一时间往往目茫神迷，真不知该看什么，甚至看什么好了。我就这样迷茫地转来转去，忽见一把不大的茶壶素坯，把儿在右，嘴儿在左，盖儿在上，混沌沌很传统的那种。一定刚由泥坯制作成壶，还来不及写字绘画。从未动过笔墨的我，灵机一动，试问：我可以自己写字么？笑容回应可以。说着一双手小心捧起壶坯，水缸里浸浸，又小心摆置案头，备好笔墨，就看我了。

我坐壶前，感觉周围立马一圈儿目光。壶坯上直接写画，毕竟不同于纸上，况且众目睽睽之下，不免有些紧张，手便不比平常，捏着毛笔不由自主地微微抖动。也顾不了许多，静静心，几乎未加思索，随手就写了“上善若水”四字（图 23）。语出老子《道德经》：“上善若水，水善利万物而不争，处众人之所恶，故几于道。”道家心里，水至善至柔，与人无争，与世无争，而容纳万物，滋养万物。我一落生，先人就为我名之有“善”，由小至大，注定将伴随我一生，故此语谨记于心，并视为座右之铭。

图 23　在壶上小心翼翼地写字（摄于 2018 年 1 月）

写罢端详，总觉字下无物，略显空荡，便勾勒几笔，涂抹出房屋、树木、水与船帆等。根本不懂得用笔用墨，繁简疏密，像与不像三分样罢了。况且下笔前根本没有明确立意，没有缜密构思，更别说具体构图了，一切完全信手涂鸦，率意表达而已。虽说率意，可我也没忘临了在壶另一边落款署名，从此这壶就永远属于我“柴”家了。

画师一直旁边关注着，这时接过壶，上方空白角落，恰到好处地补上几笔墨竹，顿现板桥竹风姿气节与删繁就简的况味。

翻过来，壶底又画一方竖长小印，写个满框的隶书略带篆意的“柴”字。我想起本家后周皇帝柴荣，曾设御用“柴窑”。后周立世时间很短，而瓷器又为易碎之物，故“柴窑”瓷传世应该极少。我在一收藏者处，曾见个手掌大的瓷瓶，告我“柴窑”瓷，我一时辨识不了真伪，只记得瓶底有方“柴”字印章。冥冥中，我这把梅州壶也因錾上“柴”字，而与千年前的“柴窑”有些关联了。这时，釉师搅拌好缸里釉浆，随即将壶深深擩进去，转一圈儿迅速拎出，釉便均匀着满壶坯，里里外外一派粉白，霎时所有字画全然不见。即是先字画后釉彩，字画在釉彩之下，无疑这属于釉下彩。一切停当，就等入窑烧制了。

我是等不及出窑了，一会儿就匆匆赶回北方。待快递我案头，那粉白不见的字画竟清清楚楚原原本本显示出来，而且我以黑墨所写，烧制后怎就幻化为青色了呢？对陶瓷我素无研究，道不明其中原委，只记得人家告诉的：这是一把青花瓷壶，就够了。据说世宗柴荣曾御定，御窑瓷器“雨过天晴云破处，这般颜色做将来”。如此看来，“柴窑”“做将来”的瓷器或是青瓷了，与我这青花瓷壶是否有相似处呢？不得而知。其实我也不必一定得知，谁也不可能世事洞明，只管悠然抚玩着瓷壶好了。但觉釉色青莹，温润如玉，而浑圆轮廓怎么看都是流畅的线条，好个梅州热土烧制，凝聚着客家厚重意蕴，有着我个人烙印，世间仅此一品的青花瓷壶（图 24）！

图 24　青花色梅州壶烧好及时寄来（摄于 2018 年 2 月）

日后，我不仅以此茶饮，还将以此待客，品味清茶半盏，君子之交，袅袅腾腾云烟今古。尤其此刻，我正爱不释手，撰写几千里外南国梅州瓷壶的文字呢！

2018 年 2 月 1 日草，2 日改，9 日又改，

10 日再改，11 日改定于善书斋。

动笔前要搭好文章的架子

——写作的结构

上次我们讲了写作的构思，就是要我们在动笔之前，先酝酿清楚，或说构思清楚，把准备写的东西想透了，想明白了，想好了，就该布局谋篇了，也就是今天要讲的写作的结构。当然，结构与构思根本上也不可能截然分开。如果说构思是前提，是基础，结构就是将其具体地、切实地展现出来，物化出来，二者是相辅相成的，相互关联的。就写作过程来说，是要酝酿，由混沌无绪，到条理清晰，动笔前进行基本结构。正因是基本结构，所以有时也许与构思不是完全相同的。写作中会根据文章的内容需要，适当有所增加或删减，有所调整、修改，边写边完善，都很正常，目的是将文章写得更好。

写作的结构，说白了，我觉得就是给文章搭架子。像家里盖房子一样，先把柁木檩架搭好。不搭好，那些椽子就没处钉，寨子就没处摆，砖就没处垒，瓦就没处瓦（wà），最终房子也就难以盖成，散乱地上，还是一堆只能叫砖瓦、木料的东西，可见写作中结构的重要。可以说，只要是写作，就没有人不重视作品的结构，这是一个重要的基础或前提。

比如俄国列夫·托尔斯泰，创作的第一部长篇小说《战争与和平》，描述了1805年至1812年间俄国同拿破仑的几次战争，以及直至1820年俄罗斯的社会生活。全书四卷，120多万字。以4个贵族家族为基础，以俄法战争中的奥斯特里兹战役和莫斯科保卫战为主线，深刻、细致地刻画了当时俄国各阶层社会生活地面貌。作品里有500多个大小人物，各有不同的生活遭遇，不同的思想情感，不同的性格特点。人物悲欢离合，情节跌宕起伏，展现了一幅波澜壮阔的历史画卷。写这样一部内容极其丰富的鸿篇巨制，事先没有一个完整的宏大的而且是较为细致、翔实的结构，保准写乱套了。为了写好这部作品，据说托尔斯泰每天一早就坐下来写作，不准任何人打扰。写作中，每写一个字，每用一个词，都要深思熟虑，认真推敲。而且往往写了又改，改了又写，以致将书稿涂抹得很乱，妻子经常整夜地帮他抄写。就这样用了6年时间，终于完成这部巨著，成为俄罗斯乃至世界文学的一座艺术丰碑。

这是长篇，就是短篇，哪怕一个小文，也要有很好的结构，而不是说短文就不需要结构，就可以想咋写咋写，大作家也许可以随手拈来，下笔有神，我们初学写作，还是要认真地结构文章为好。况且，往往短文结构好也不容易。

文章如何结构？我想结合我的写作，来具体谈谈。上次发给大家我写的散文《我的梅州壶》，看看这篇散文的结构：

起笔先写我来到梅州，作为开头；

接着写梅州瓷三千年发展的简略历史；

再写我走进陶瓷展馆，发现茶壶；

进而写在壶上写画，分为我写画、画师写画及上釉三个层次和随之生发的联想；

又写烧制好的梅州壶寄来，我的欣赏与喜爱之情；

最后，对壶品味升华，作为结语。

我们看，全文是按照事情发生的过程顺序来写的，这是我写散文经常用的一种结构方式，可以称为顺叙法。这种结构方法，一般按着事情发生、发展、结局的先后来写。如果写多个事情，一般先发生的事情先写，后发生的事情后写，一切按事情发生发展的先后来写。我这里是写这么一件事情，比如写一个人的一生经历，就可能会有大大小小的很多事情，道理也一样。又比如写景物，一个景物，可能从春到冬，各有不同，就按季节顺叙，写出各自的特点。这种结构，显得层次分明，脉络清楚，比较常用。这种结构方法，也可以称为纵式结构，是从上到下竖着排列下来。

我们再看上学期发给大家的我的游记散文《石林峡览胜》的

结构：

起笔由云南石林而想到平谷石林，且来观赏；

接着写观石，看到的峡谷里大大小小的石头；

再写观水，峡谷石头间的流淌的水、小潭及鱼；

进而写观山，形成这道峡谷的对峙的石林山及山间树木与鸟等；

还写登临石林山绝顶俯瞰及远眺；

最后，写下山时回顾石林峡景及感想。

我们看，除去文章的开头与结尾，主要是中间三段，“观石”“观水”“观山”，这是并列的叙述，即在同一时间把不同地点的景物分别描写叙述，使看去纷繁的景物，叙述得清楚，且便于读者阅读。如果上面的结构又可以称为纵式结构，那么我们这个结构，就可以称为横式结构。文章主体部分的几个方面，一般为并列的关系，但一定是有内在联系，而不是互不相干，并能够一起来表现文章的立意。其实，在文章中尽管看去并列，实际文章的内涵上、气韵上，是有层层递进的意蕴在其间的。大家看，所观的水，比石头的景象要大，所观的山，比水的景象要大，最后眺望莽莽燕山，比石林峡山更大，这也是递进。而不是不紧不慢一味地平铺直叙，终究是文似看山不喜平。平淡无奇的文章，无论如何也算不上好文章。

我们说写作的结构，也不止这两种，比如也可横式与纵式交叉的结构等，不一而同。我今天讲的这些，大家可以在今后学习和阅读中加以注意，举一反三，掌握更多的文章结构方法，以使自己今后写起文章来更得心应手。只要写来顺手，能够很好地表现主题，能够使文章浑然一体就好。本来文无定法，就像宋代大文豪苏轼所说："大略如行云流水，初无定质，但常行于所当行，常止于所不可不止。文理自然，姿态横生。"所言极是，这是写作的至高境界，我们要仔细感悟。

在这里，我说说这个题目，起好一篇文章的题目，至关重要，不仅能使文章提神，画龙点睛，而且有时起好一个题目，会使文章境界全出。题目起的如何，会直接影响到文章的结构。看《我的梅州壶》这个题目，"我"，决定了这篇散文一定是以我的口吻、我的视角来叙述，且是我所做的、经历的、想到的，而不会是其他。"梅州"，决定于我文章中所写的地域，就是这里，而不是别的地方。"壶"，是全文记述的主体，一定是属于我的、梅州产的壶。这样一个题目，就将这一切都限定了。

谈写作的结构，也不能忽略文章的开头、结尾，这也是结构的重要组成部分。常言说万事开头难，写作亦如是。方法很多，比如开门见山等多种方法。古人说"起句当如爆竹，骤响易彻"，意思是开头要响亮，有气势。往往文章一开头，就为全篇定了基调，是明快，还是严肃；是朴素，还是华美。如果头开好了，就可以使文章能够顺畅地写下去。结尾呢，结好尾亦属不易，方法也很多，如首尾照应，即是其重要一法。古人又言“结句当如撞钟，清音有余”，是说结尾要有韵味，像钟声余音袅袅不绝，所谓“言有尽而意无穷”。老话说，“编筐编篓，重在收口”，也是这个意思，切不可随意草草了事。文章除去开头、结尾，中间就是文章的主体，不要勉强，不要生硬，不要不合垄儿，起承转合，严谨自然，完整统一，文脉贯通，浑然一体。因为时间关系，我们点到为止，大家有兴趣以后慢慢再细看写作的书。

写作的结构，也像上次讲的构思一样，我以为也是高妙为好。我们还举一个绘画的例子。北宋徽宗时，据说设有画院，每年考录新生。这一年，主考官以“深山藏古寺”为题，让考生作画。结果，或画面为崇山峻岭，山下一座寺庙；或画面为深山丛林中现出寺庙一角；或画面为云雾缭绕的山下溪流旁，画一个汲水的老和尚。考官认为，第一幅画，山寺俱在，结构平平，画法一般；第二幅画，以寺庙一角点出古庙，有所“藏”意；第三幅画，以一个老和尚汲水暗示出山中古寺，和尚都很老了，更能暗示寺之古，更充分表达出所“藏”的意境，最终更胜一筹。可见，结构也要注意新颖巧妙，不落俗套。但做起来往往出新很难，我们一定要有这种意识，慢慢注意锻炼、培养。

2018年3月13日草，14日、19日改，
2019年3月28日改于善书斋。

【阅读与欣赏】

今天为大家选的这篇名文，是因为我看到了已故国学大师南怀瑾先生的一段视频，谈及他小时朗诵此文的情景，并说这样读完终生不忘。我们看看这个小视频，大家也不妨尝试着这样诵读。对于经典古文诗词，大家最好根据自己的时间和情况，尽量多背一些，无论今后写不写作，一定是终生受益。

本文作者王勃，唐代诗人，字子安。绛州龙门（今山西河津）人，曾做过小官，因故被革职。王勃少年时即显露了出众才华，后与杨炯、卢照邻、骆宾王“以文章齐名天下”，世称“初唐四杰”，王勃为“初唐四杰”之首。后来渡海探望父亲，溺水而英年早逝。

滕王阁在江西南昌，因滕王李元婴得名，李元婴为唐高祖李渊幼子。精通歌舞，善画蝴蝶，很有艺术才情。修建滕王阁，为其歌舞享乐需要。滕王阁因王勃这篇《滕王阁序》而名闻天下。

《新唐书·文艺传》记载：“九月九日，都督大宴滕王阁，宿命其婿作序以夸客，因出纸笔遍请客，莫敢当，至勃，泛然不辞。都督怒，起更衣，遣吏伺其文辄报。一再报，语益奇，乃矍（jué）然曰：‘天才也！’请遂成文，极欢罢。”王勃尽管年轻，可才华横溢，语惊四座。

对此，唐王定保《唐摭（zhí）言》亦有记载。原来阎公本意让其婿孟学士作序以彰其名，不料假意谦让，谁知王勃提笔就作。阎公初以“更衣”为名，愤然离席，专会人伺其下笔。初闻“豫章故郡，洪都新府”，阎公觉得“亦是老生常谈”。接下来“台隍枕夷夏之交，宾主尽东南之美”，公闻之，沉吟不言。及至“落霞与孤鹜齐飞，秋水共长天一色”一句，乃大惊“此真天才，当垂不朽矣！”出立于勃侧而观，遂亟请宴所，极欢而罢。

还有一说，《唐才子传·王勃》记载，王勃父左迁交趾令。勃往省觐（jìn），途过南昌。时都督阎公新修滕王阁成，九月九日大会宾客，将令其婿作记，以夸盛事。勃至，入谒，帅知其才，因请为之。勃欣然对客操觚（gū，写作），顷刻而就，文不加点，满座大惊。酒酣辞别，帅赠百缣（jiān，绢），即举帆去。至炎方（泛指南方炎热地区），舟入洋海，溺死，时年二十九。

这是关于此文的写作背景及经过等，列几说，以让大家开阔视野。

这是一篇骈文，文章华彩，一气呵成，笔下一出，即为传诵名篇。那句“落霞与孤鹜齐飞，秋水共长天一色”，化用北周庾信《三月三日华林园马射赋》“落花与芝盖（指车盖或伞盖）同飞，杨柳共春旗一色”句，却化出了千古绝唱。

滕王阁序

王勃

豫章故郡，洪都新府。星分翼轸（zhěn），地接衡庐。襟三江而带五湖，控蛮荆而引瓯（ōu）越。物华天宝，龙光射牛斗之墟；人杰地灵，徐孺下陈蕃（fān）之榻。雄州雾列，俊采星驰，台隍（huáng）枕夷夏之交，宾主尽东南之美。都督阎公之雅望，棨（qǐ）戟遥临；宇文新州之懿（yì）范，襜（chān）帷（wéi）暂驻。十旬休假，胜友如云；千里逢迎，高朋满座。腾蛟起凤，孟学士之词宗；紫电青霜，王将军之武库。家君作宰，路出名区；童子何知，躬逢胜饯。

时维九月，序属三秋。潦（lǎo）水尽而寒潭清，烟光凝而暮山紫。俨（yǎn）骖騑（cān fēi）于上路，访风景于崇阿（ē）。临帝子之长洲，得天人之旧馆。层峦耸翠，上出重霄；飞阁流（一作翔）丹，下临无地。鹤汀（tīng）凫（fú）渚（zhǔ），穷岛屿之萦（yíng）回；桂殿兰宫，即（一作列）冈峦之体势（图25）。

披绣闼（tà），俯雕甍（méng）。山原旷其盈视，川泽纡（yū）其骇瞩。闾（lǘ）阎（yán）扑地，钟鸣鼎食之家；舸（gě）舰弥津，青雀黄龙之舳（zhú）。云销雨霁（jì），彩彻区明［或作虹销雨霁，彩彻云衢（qú）］。落霞与孤鹜（wù）齐飞，秋水共长

图 25　宋画《滕王阁图》

天一色。渔舟唱晚，响穷彭蠡（lǐ）之滨；雁阵惊寒，声断衡阳之浦。

遥襟甫畅，逸兴遄（chuán）飞。爽籁发而清风生，纤歌凝而白云遏（è）。睢（suī）园绿竹，气凌彭泽之樽；邺（yè）水朱华，光照临川之笔。四美具，二难并。穷睇眄（dì miǎn）于中天，极娱游于暇日。天高地迥（jiǒng），觉宇宙之无穷；兴尽悲来，识盈虚之有数。望长安于日下，目吴会（kuài）于云间。地势极而南溟（míng）深，天柱高而北辰远。关山难越，谁悲失路之人；萍水相逢，尽是他乡之客。怀帝阍（hūn）而不见，奉宣室以何年。

嗟（jiē）乎！时运不齐，命途多舛（chuǎn）；冯唐易老，李广难封。屈贾谊（yì）于长沙，非无圣主；窜梁鸿于海曲，岂乏明时？所赖君子见机，达人知命。老当益壮，宁移白首之心？穷且益坚，不坠青云之志。酌贪泉而觉爽，处涸（hé）辙（zhé）以犹欢。北海虽赊（shē），扶摇可接；东隅（yú）已逝，桑榆非晚。孟尝高洁，空余报国之情；阮籍猖狂，岂效穷途之哭！

勃，三尺微命，一介书生。无路请缨，等终军之弱冠（guàn）；有怀投笔，慕宗悫（què）之长风。舍簪（zān）笏（hù）于百龄，奉晨昏于万里。非谢家之宝树，接孟氏之芳邻。他日趋庭，叨（tāo）陪鲤对；今兹捧袂（mèi），喜托龙门。杨意不逢，抚凌云而自惜；钟期既遇，奏流水以何惭？

呜呼！胜地不常，盛筵（yán）难再；兰亭已矣，梓（zǐ）泽丘墟。临别赠言，幸承恩于伟饯；登高作赋，是所望于群公。敢竭鄙怀，恭疏短引；一言均赋，四韵俱成。请洒潘江，各倾陆海云尔：

滕王高阁临江渚，佩玉鸣鸾罢歌舞。
画栋朝飞南浦云，珠帘暮卷西山雨。
闲云潭影日悠悠，物换星移几度秋。
阁中帝子今何在？槛（jiàn，栏杆）外长江空自流。

烟雨迷蒙滕王阁

柴福善

南昌滕王阁，天下名楼。

我来时正值春天，又洒落着江南习以为常的迷蒙烟雨，周遭修竹绿草鲜花便格外水灵，映衬着高阁焕发出别一种独特魅力。沿着石阶，我一级级走进滕王阁，脚步即使再轻，也踏响了历史悠悠的回声。想李元婴为唐高祖李渊二十二子，秦王李世民登基后，封其为滕王。只因政治颓唐，行为不检，侄儿皇帝李治毫不留情地一贬再贬，一直贬至偏僻荒凉的洪州（今南昌）。贬了也是皇叔，天高皇帝远，根本无所顾忌。为“游乐宴集”，竟心血来潮，灵机一动，于赣江岸边荒丘之上，大兴土木，精心建构一座阁楼，并以封名而名。整天阁中饮酒歌舞作乐，以至荒废了政事。怎奈物极必反，赏心乐事不长，便被削去食邑，再贬安徽滁州，进而又千里迢迢的贬到更荒凉的四川隆州去了。人去阁空，王勃对此发问：“阁中帝子今何在？”不在了，自然就“佩玉鸣鸾罢歌舞”，冷寂得只有“槛外长江空自流”了。

冷寂也就冷寂了，区区一阁而已。要知滕王到隆州，依然我行我素，宏修衙宇，建造“滕王亭”。隆州再荒凉，也荒凉不了一个大唐皇叔，而他也一定非常在意自己这顶封号，不然为什么每有所建，总打上“滕王”印记呢？怎奈这印记也于世无补，因为滕王亭与滕王一起，早湮没于历史尘埃中了。洪州滕王阁呢，虽因滕王离去而一时冷落，却独存至今，且名扬天下，大概为滕王所始料未及。应该说，因滕王而有滕王阁，而使滕王阁声名鹊起，则王勃一序！江山再好，还须文章相助。想王勃六岁作文，十岁精通六经，十四岁应举及第，神童早慧了。可惜英年早逝，南海探父，溺水受惊而死，时年二十六岁。如天假其年，或许不让李杜。莫说“海内存知己，天涯若比邻”诗，单就一篇《滕王阁序》，不但流传千秋，而且成就了滕王阁。相传他探父途中，乘船受阻，水神以风相助，日行七百余里，赶至洪州。这未免有些神话演绎，但王勃九九重阳到达洪都府，想必是真。那时阎都督盛宴遍请名儒，为帝子阁作文。王勃酒酣之下，文思泉涌，笔走龙蛇，一挥而就，顿惊群儒：“物华天宝”，“人杰地灵”，“落霞与孤鹜齐飞，秋水共长天一色”。奇文不胫而走，传诵至今。仿佛王勃就为滕王阁而生，要不怎么作罢《滕王阁序》，就溺水归天了呢？序也就成了绝笔。序文传至宫中，高宗李治连称“罕世奇才。”记起曾因《檄英王斗鸡文》而错逐了他，便问王勃今在何处，当得知已逝，不禁喟然长叹！叹什么呢？自古大才难为用，连天都不假其年。想王勃有此一文于世，也足慰平生了！

从此，登临高阁，把酒临风，相与酬唱应和。滕王阁自有王勃作序后，就别是人间翰墨场了。韩愈、白居易、辛弃疾、王安石等历代文豪都先后留下文心墨迹，连明太祖朱元璋也阁中大宴文臣武将，犒赏三军，滕王阁风光至极了。高阁千余年来，随朝代更迭，世事变迁，再高大瑰伟绝特，也经不得屡屡兵燹，以至沧桑之下，屡废屡兴，屡兴屡废，兴兴废废废废兴兴竟达二十八次，连阁址也六次迁徙，曾几何时，滕王阁早不可复识了。每每复兴之际，总有序文以志，唐时继王勃之后，又有王绪、王仲舒《滕王阁赋》《滕王阁记》，时称“三王”。而韩愈文起八代之衰，为唐宋古文八大家之首，曾奉御史之命，作《新修滕王阁记》，念及“滕王阁昔日已有三王之闻名海内，于今我亦能载名其上，词列三王之次”，都觉“荣耀之至”，可见其影响了。当然，韩愈无论文才，抑或官爵，都当仁不让，所以欣然受命。韩愈时年五十二岁，应该阅历丰富，文笔精道，故后人认为韩文应列于王勃序文之先，也曾人为列先了，可不久还是实事求是的又列回了，高下自在人心，绝不以个人意志为转移。至于另外二王之文，早已失传，并不因韩愈推崇而经久。莫道“三王之后岂无文”，其实王勃之后就已经无文了。说是江山代有才人出，可始终独领风骚者只有王勃。苏东坡才高八斗，也曾登临，大概自知眼前有景道不得了，只匆匆给后人留一幅王勃序文墨迹，便悄悄走了，难得有自知之明。而韩愈之文，人们也只记得一句：“江南多临观之美，而滕王阁独为第一”。这一言也为天下法。所以，如果说李白属于黄河，苏轼属于长江，那么，王勃无疑属于滕王阁！滕王阁有王勃一序，已然前无古人，后无来者了。

“半是半非君莫问，西山长在水长流。”对于滕王，历经高祖等五代皇帝，而得以善终，恐怕并非“一无是处”，其功过是非，历史自有定论。但文以阁成，阁以文传，以至承传至今。设若滕王阁没有这多沧桑，这多兴废，也许就没有这多诗文，这多内涵，这多底蕴，这多魅力了。“临帝子之长洲，得仙人之旧馆。层台耸翠，上出重霄。飞阁流丹，下临无地。”王勃生花妙笔，描绘了滕王阁雄伟壮观。而纵观阁运，与国运何曾可分，几乎逢乱世则废，遇治世则兴，简直一部高阁兴衰史，就是有唐以来朝代更迭兴替之缩影！而滕王阁最后一次毁灭，是 1926 年 9 月，军阀纵火南昌章江门一带，江岸一片火海，大火延烧三日，街巷尽成焦土，千年古阁顿时化为灰烬！日寇铁蹄践踏中国，竟将滕王阁址辟作养马之所！国人呼号奔走，恳请修复古阁。梁思成先生率弟子查阅资料，绘制滕王阁图纸。时值抗日战争，国难当头，难成现实。“不见斯楼，情无所倚，魂何以安？”海内外中华儿女痛心疾首。直至五十余年后，中华民族文化遗产的瑰宝，终于重新屹立江南，且盛况远胜前朝，终于使几代人梦想成真（图 26）！今日我来，也才可登临，不然只能向遗迹怅然凭吊了。面对滕王阁，我们忘怀不了王勃，其实也不可能忘却滕王，滕王所作所为无论怎样声名狼藉，不但随王勃序文而永垂史册，更重要的是滕王开了滕派蝶画先河。元婴善丹青，尤喜画蝶，“能巧之

图 26　江西南昌滕王阁

外，曲尽情理”，以至“滕王蛱蝶江都马，一纸千金不当价”了。滕派蝶画一直为宫廷之画，工笔重彩，使蝴蝶纤毫毕现，栩栩如生。后人以为其画早已失传，不曾想世间竟有传人，且蝶画就悬于阁中！滕王之幸，中国艺术之幸了。

且看新阁，避开旧址，不因旧循，另辟蹊径，填江而筑，大势上依然飞阁流丹，下临无地。江上远观，滕王阁如巨大山字，屹立于天地之间。而空中下眺，滕王阁端坐于古罄之上，宛若鲲鹏展翅，欲凌波飞去。谁人匠心独运？当然既有昔日梁思成先生之功，更有今日设计者之绩了。滕王阁旧为登临抒怀之处，接诏拜官之所，歌舞宴集之地，人文荟萃，名副其实一座文化名楼。而新阁集雄伟、瑰丽、典雅于一体，既有宋代楼阁之制，又具唐代建筑之风。沿阶缓缓而上，三层回廊，四层檐口，形成“明三暗四”格局。高阁充分利用阁壁空间，铺排两幅气势磅礴的壁画，一幅描绘了自秦汉以来各领风骚的江西名人，原来像陶渊明、欧阳修、王安石、曾巩、黄庭坚、杨万里、朱熹、文天祥、汤显祖、宋应星、八大山人等，这些在中国历史中国文化史占有极其重要位置的人物，都出自江西。他们不同时代，不同性格，不同服饰，不同影响，却被画家统一于一幅画中，以各自情态，在滕王阁来一次超越时空的聚会与对话！一幅描绘了“南粤雄关”大庾岭、革命圣地井冈山、我国第一淡水湖鄱阳湖、位居四大名山的庐山，江西名山大川横陈眼底，敬请江山入座了。真可谓俊彩星驰，钟灵毓秀，一句话人杰地灵。所见是江西人文风采，自然精华；所感则是华夏雄风，五千年神韵！更有董其昌、康熙这样书家、帝王的墨迹润色，使重建的滕王阁，成为集古今之大成的一座文化艺术殿堂！

滕王阁在章江门外，襟三江而带五湖。向城临江，滨临南浦，面对西山，充分体现了王勃《滕王阁序》意境。我真想于十月金秋，一个日将落未落的傍晚，好好感怀秋水长天一色、落霞孤鹜齐飞的情景。可惜我来时是春天，登临阁顶，极目远眺，也只见一天迷蒙烟雨，一切只有凭空想象了。也好，独自凭栏，既然不能视通万里，那就思接千载吧，无论如何，烟雨是迷蒙不住悠悠情思的。

2003年5月10日写，改，2010年11月17日再改，
23日晚又改于昌平凤山温泉度假村迎宾楼5537房间。

我的点评（五）

随着讲课，大家写了些作文，上次又到梨树沟采风，我们今天就来点评。根据课程安排，满打满算，包括今天还有四次课。所以，应该就这一次点评了。综合来看，有些同学确实有一定写作才华，有一定灵气，比如瞿明蕊同学的诗，比如崔巍、赵晨菲、王楚然、谢雅絮、李温馨等同学的文章，都不错。今后大家如果写了自己较为满意的作文，可直接发我邮箱。但一定要认真修改，不能寥寥草草，不成样子的东西我没法看，更没法往报刊推荐。而修改好了，也是对自己负责。

我看了大家梨树沟采风写的，有文章，也有诗歌，总的看，大家采风中是很好地看了，甚至也很好地记了，把自己看到的想到的尽力写出来了。限于时间，主要点评一篇。

品味梨树沟

初二3班　王楚然

四月十七号的中午，我们文学社的学生及老师一起去参观了梨树沟。

要是写报道或总结，可能需要把时间等写得很具体，很清楚，作为文学方面的散文，我觉得有时候还是不要写得过于具体，啥都写上就不是散文了，也没有文学的味道了。可以改为“梨花开的时候”，这也是一种时间的表示。“及老师”，可以改为“随老师”，因为文章里写了老师要给讲。而“及”字，意思是学生和老师一起看梨树沟。写文章就是要注意遣词造句，所谓文字功夫首先就体现在这里。而“去参观了”，可改为“游览”，“去”“了”二字可删，这样更雅一些。

车程一个多小时，我们到了梨树沟的山门前。进入沟口，左旁是一条小溪。虽说是溪，却没到雨季，只是一层浅浅的水，剩下的便全是石头。

所写的景物比较准确，但写散文不能顺着走到哪儿信笔写到哪儿，每一步及每个过程都事无巨细地写出来，还是要有取舍，有详略。在这里，“车程一个多小时，我们到了梨树沟的山门前”句可删。“左旁”，可改为“左边”。“石头”，前面可以进行一下修饰，写作“大小石头”，给人的形象会具体些，实情也确实是这样。

再向前，便是一条大道。老师告诉我们，这条道叫“梨花大道”。在大道的旁边是与沟口的小溪连着的小池塘，为这大道添加了几分灵气。

写作中，要注意尽量删去可有可无的字，当然多余的字更要删去了。“再向前”的“再”字可删。“在大道的旁边是与沟口的小溪连着的小池塘”句，一句竟有3个“的”字，起码可以删去2个。“在”及“沟口”也多余，上面刚说完“进入沟口”。“小池塘”的“小”字也可删，前面有个小字，最好一个字别来回重复出现，全句可改为“大道旁边是与小溪连着的池塘”。“为这大道”可改为“为梨树沟”，“添加”改为“增添”更贴切，应该说这小溪和池塘为梨树沟增添了灵气更好些。

我们下车，向小山路上走。半腰上，我们看见一户人家的大门正敞开着着，便进去看了一番。这户人家已经没有了人，园中植有一棵梨树，白得耀眼。老师说这原本是有钱人家，四间房还有个门廊。除了人家，我无意间看到了一块石头，上面的纹路有人说像头鹿，可我觉得像是一朵不知道是谁载进去的水仙花。

我们写作，不仅字，有些句子可有可无，如“我们下车，向小山路上走”，也要删去，不需要这些过程，显得过于啰唆。不妥当的句子也可以删，如“老师说这原本是有钱人家，四间房还有个门廊”句即是。“半腰上”，可改为“半山腰上”。“我们看见一户人家的大门正敞开着着”句，可删“我们看见”“正”“着”。写了两个“着”字，说明写完没认真看几遍，这是低级的小问题，写作中尽量不要出现，也会影响到文章的质量。“便进去看了一番。这户人家”改为“我们进去”。“园中植有”，可改为“院里”。“没有了人”改为“没有人了”。“白得耀眼”前面可加“梨花”，梨花是白的，不是梨树。“除了人家”改为“出来”。“看到了”的“了”字可删。“是谁”的“是”字可删，一句里前面有个“是”字，后边的“是”字删去意思更顺畅。“载”字是笔误，应为“栽”字。“进去”可删。

再往上走，就是满山的梨花，白色的似雪，粉色的似霞，还有的是白色中带着一点点粉色，如雪天里偷跑出来的霞光。在这上方是风雨亭，在风雨亭的亭顶上，画的都是花鸟鱼虫，而每一幅画，都有他特别的含义。

这段写梨花及风雨亭，基本写出了真实情景，说梨花是“如雪天里偷跑出来的霞光”，生动。“在这上方”的“在”字可删。“都有他特别的含义”的“他”及“的”字可删，“含义”后面加一“了”字。

我们在一条山间小路上行走，看那梨花树，栗子树……老师为我们一一讲解它们的由来，以及他们长得奇形怪状的原因。

这段写采风所看的大栗子树及大梨树的情景，就全文看，不妨删去，使文章更连贯更完整。

我们随着老师向上攀爬，在山上也有个小亭子。它的地面都是用火山石做成的。我们坐在亭子里，看着远处的山。它仿佛像被不知道是哪的仙女蒙上了一层薄薄的纱一般。很飘渺，很玄幻。

“在山上也有个小亭子”句，可删去“在”“也”二字，使句子更简洁。下句“它的”可删。“我们坐在”的“在”字可删。“看着远处的山。它仿佛像被不知道是哪的仙女蒙上了一层薄薄的纱一般。”，这里连着用了两个句号，最好作文不要一句一个句号，“它”和“像”字可删，一句话中前有“仿佛”，后面的“一般”我觉得可以不要。两句改为：“看着远处的山，仿佛被不知道是哪儿的仙女蒙上了一层薄薄的纱，”。

我们徜徉在梨花的海洋中，只见在虬曲的梨树枝条上，洁白的梨花静静地开放着。我闭上了眼睛，仿佛看到那一树树的梨花已经变成了一树树金灿灿的黄金梨。这是一幅多么让人惬意的田园风光！

这是文章的结尾，“只见在”的“在”字、“闭上了”的“了”字、“变成了”的“了”字、“这是”可删。上段有“仿佛”，这段的“仿佛”最好换个词，上面也说过，有些词语最好不要重复用，就跟没词了似的，可换成“好像”，意思也不变。“一树树的梨花”的“的”字可删。“已经变成了”改为“已变成”。“黄金梨”后面的句号可改成逗号。

这篇作文把梨树沟的景物基本写出来了，层次清楚，描述的基本准确，就是梨树沟，而不是别的地方。

谢雅絮同学的《梨树沟》也写出了自己的感受，结合两次发来的原文我进行了适当的修改。今天课上来不及细致讲了，就一并放这里，供大家参考。原文：

梨树沟

初二2班　谢雅絮

“忽如一夜春风来，千树万树梨花开”。现在正是梨花开放的季节，在梨树沟你绝对可以欣赏到如诗如画的美景。

行走在曲曲弯弯的梨花大道上，两旁的装饰栅栏非常美观。坐落在左侧的村庄也几乎没有了人烟，荒芜的院子里几乎都生长着一棵或几棵百年不止的树。嘎吱嘎吱……往下一看原来地上都是一些熟了的毛栗子和山里红。就连地上的蚂蚁也比我平常见到的大，黑。

继续往里走两旁的梨树开得正旺盛。我上前自己观察一下，梨花的花瓣一共有五片，朵朵梨花争相斗艳，还有的是含苞待放芬芳吐艳的，吸引游人不时地拍照留念。抬头看有着隐隐约约的雾气围绕在梨树沟的周围。

走着走着，我看见了一座凉亭，我们踩着石阶登上了凉亭，站在凉亭往上看一幅幅精致的图案卷入我的眼帘，漂亮极了！亭下的水微微波动一股清风飘在我脸上，爽！！！继续往上爬，一块块用火石铺的道路两旁满是油松树，让我感到欣慰的是再铺的时候他们并没有把挡路的树砍掉，而是绕过它铺。保护了绿色生命。

不知不觉，太阳渐渐偏西，我们恋恋不舍地离开了。梨树沟，真是不虚此行！

修改后，题目可改为“梨树沟游记”。

梨树沟游记

初二2班　谢雅絮

这天，我游览了梨树沟。

走进沟里，是一条曲曲弯弯的梨花大道，两旁垒着低矮的护墙，就像长城的垛口，装饰得大道非常美观。沟里的村庄，人早搬走了。我走进一家院子，有一棵开着花的梨树，还有一棵红果树。红果没人采摘，自己落了一地。

继续往前走，两旁的梨树开得正旺盛。我仔细观察，每朵梨花都有五片花瓣，朵朵梨花争相斗妍。当然，也有正含苞待放的，引得我像小蜜蜂似的忍不住凑前闻一闻！

山顶一座小亭子，我顺着石阶登上去，站亭里四望，周边山景如一幅幅精致的图画，映入我眼帘，我感觉漂亮极了！亭下有水，微微波动，一股清风吹拂我脸上，很舒服。

沿山道接着上爬，脚下一块块火山石铺砌，两旁长满油松。有的树正长在道上，铺道时特意绕过去，而不把树砍掉，保护了一棵绿色生命。

夕阳渐渐落下，我下山了。梨树沟这大半日行程，虽然很累，我却很开心。

谈这两篇作文，最主要的就是这两位同学能够以自己的观察，也就是将眼里看到的景物，用自己的话写出来，可能写的不够成熟，毕竟大家是初二的学生，但必须是话从己出，才是自己写的东西。写作，就要自己写，写自己的东西才行。我们看同学们中写的这两段文字：

刚走进大门，我们就听到了“哗哗”的流水声。循声望去，原来是一条瀑布在欢快地“唱歌”。这条瀑布高达百米，水的源头在那座大山的山顶上。柴老师告诉我：“这是一条人工瀑布。”

刚一走进，我们就听到了“哗哗”的流水声。循声望去，原来是一条瀑布。这条瀑布高达百米，老师告诉我们：“这是一条人工瀑布。”

大家怎么看？如果自己写自己的，会这样几乎完全一样么？两人中，起码有一人可能看了另一人的，多少有抄袭之嫌。以后不能这么做，更不能养成这种习惯。

下面，我们再点评一下以前崔巍写的一篇作文《我是猫》，以猫的视角，来看待这个世界。想象较为新奇，构思较为精巧，语言较为成熟，且富有韵味。文中以猫的心理，所做的描写较为细腻准确，像篇不错的小说：

我是猫

初二 5 班　崔巍

我只记得那是北京最冷的一个冬天，化掉的雪水，它们打湿了我的皮毛。湿漉漉的感觉叫我不好受得很。换了一个姿势蜷缩起来，渐渐的雪越来越大。我跑到一个便利店门口，因为那是我视线中唯一不会落到雪的地方。当我走到那门口考虑着今天的伙食要怎样解决时，一个男人推开了门。

这里的第一人称“我”，并非是作者，而是一只猫。“它们”可删。“皮毛。”的句号，可改为逗号。“叫我不好受得很。”，可改为“很不好受，”，并将句号改为逗号。“门口”后面加个逗号。

他个子很高，眉眼看起来不能说很俊但也叫人看着舒服。他穿着一身被洗得泛白的棉服，蹲下来看着我。我迎合地走到他脚边蹭了蹭他，这人看起来不像坏人。当我看见他拿出一根火腿肠时我就知道，就算他是坏人我也跑不了了。一直爪子扒着他的腿挤出一声甜腻的猫叫，那男人果然立马就给我吃了火腿肠。该怎么办才好呢？一边是温暖的屋子，一边是继续流浪。我自认为我是一只聪明的猫，自然会选择前者。

“他”，是指抱我回家的男人。“很俊”后面加个逗号。“叫人”改为“叫我”。这是一只猫，不是一个人。另外，作为猫也不大可能体味到人的心理感受如何。“一直”应是“一只”。“他的腿”后加个逗号。“猫叫”的“猫”字可删，猫就不必称自己为猫叫了。写作中一定要注意“身份”，在这里很显然是没以猫的身份来写。“我自认为我是”中，第二个“我”字删去。

我被他抱在怀里，比起骇人的冷空气，这已经是可以飞天的快乐了。

“骇人的冷空气”可改为“寒冷的空气”，“寒冷的”可以是猫直接感受到的。而骇不骇人，是人的感受，猫是无以感受的。

我是一只猫，我有无数次生命。记得上一次养我的是一对年轻夫妻，再上一次是一个白发老人，真的太多次被收养和抛弃甚至死去了。我也渐渐不去记这些，或许一直不死掉才是对我的一种折磨，开始我总会难过，但是我不知道我要怎么做才能让那些想离开我的人回来。后来我明白了，那些真正想离开的人，无论怎样叫喊他都是不会回来的。

这是一段追忆，“折磨”后面的逗号可改为句号。“但是我不知道我要”中的“是”字和第二个“我”字可删。“喊他都是不会”中，“是”字可删，联系到上行的“那些想离开我的人”，“他”字应该为“他们”，才上下吻合。

我跟着那个男人回了家，不大也不小。不算脏乱但也绝对不算干净。他贴心地给我准备了吃的和水，以及一个看起来很丑的窝。虽然有点嫌弃但我还是钻了进去。简单的单人床，没有任何多余的装饰。看起来是一个勤勤恳恳的上班族，我靠在暖气边上看着他认真地敲着键盘。

“不大也不小”句，什么不大不小？缺主语，应加“屋子”，句号改为逗号。“嫌弃”后面加逗号。“认真的”应改为“认真地”，要注意“的”“地”“得”三字，不要用混了。

我们和平的相处了一个月左右，他喜欢叫我花花，因为我是一只小花猫。虽然很直观但未免也太蠢了，我暗暗咂舌。他不经常摸我抱我，只是偶尔在完成工作后就着初升的太阳摸我一会，他看起来真的很辛苦。

“虽然很直观但未免也太蠢了，我暗暗咂舌”句可删。叫花花看来也没什么不好，接着这句，显得不很协调。

这几天那个男人都没有去上班，每天都在发呆。我甚至以为他是得了什么病，他开始收拾他的行李，收拾来收拾去也不过一个行李箱。在一个夜里，他一手抱着我一手拉着行李箱去了长途汽车站。那是从北京去哈尔滨的。他告诉我他的工作丢了，交不起房租被房东赶出来了，在北京待不下去了。想带我一起回去，但他害怕回去之后会抬不起头。

“都没有去”可修改为“没去”。“发呆”后面句号可改为逗号。“他是”的“是”字可删。“他开始收拾他的行李”为了衔接更紧密，前面可加“这时”，“他的”可删。“他告诉我他的”的“他的”可删，“他告诉我工作丢了”简洁顺畅。

我装作什么都没听懂的样子冲他叫了叫，他说如果你想走的话就走吧，我们都要平平安安的走过之后的路。

“的话”可删。“平平安安的走过”的“的”字改为“地”字为好。

远处传来火车长鸣的声音，惊动了一群落在电线杆上的飞鸟，他们呼啦一声飞起。吵醒了便利店里沉睡的店员。太阳马上就要出来了，天边挂着粉红色的朝阳。我从没被谁知道，所以也没被谁忘记，在别人的回忆中生活，并不是我的目的。

“他们呼啦一声飞起。吵醒”可改为“呼啦一下飞起，也吵醒”。“太阳马上就要出来了，天边挂着粉红色的朝阳”，即说“就要出来”，意思是太阳还没出来，可后面又说“挂着”“朝阳”，前后矛盾了，可把“朝阳”改为“云”。这发红的云，是就要升起的太阳照耀的。

我还在等下一个人的到来，以及下一个故事的开始。

结尾意味深长，看来这只猫还要继续流浪了。

总之，崔巍这篇写得不错，希望能够好好坚持下去。

2019 年 4 月 30 日至 5 月 1 日草，2 日改于善书斋。

【阅读与欣赏】

这篇散文是我2018年8月写的，发表于9月29日的《人民日报》，是我眼中的梨树沟。从年轻时走进梨树沟的人家写起，一直写到现在，前后修改了二十多遍，即使发表了，我还又认真修改了一遍。最近，发现此文被收录高中语文题库，且被一些地方作为高中考试语文试题。

梨树沟写意

柴福善

京东梨树沟，或许燕山山脉从海底隆起时，在南麓不经意留下的一条沟谷。

不知什么时候，一只鸟飞来，衔着一颗梨核儿，不小心滚落沟里。冬去春来，慢慢长出一棵大梨树。更不知什么时候，谁先走进沟里，就在树下住下来，随口就叫这条沟梨树沟了。随口，就很诗意的一个名字。随着人家越聚越多，便形成一片村落，人们很自然就以沟名而名村了。

许多年前，我曾走进沟寻找诗意。踏着石阶，走进一户人家。就是石头垒砌外墙、土坯打里的房子，树枝子扎一遭寨笆，寨笆上嘟噜着顶花的扁豆、丝瓜、倭瓜，一派田园风光。院子不大，归整得干净利落。主人给我搬个木墩儿，扤一瓢缸里的凉水。水喝完了，感觉浑身清爽。从此，我记住了梨树沟人的热情与淳朴，也记住了这一瓢凉水的甘甜与滋润。

十几年前，我踏着石阶再来寻找。但见那一遭寨笆围着的房子，显得有些破旧，树枝编扎的稍门虚掩着。院里长满荒草，透着几分人去屋空的荒凉。一打听，原来沟里人家由于泥石流或其他原因，搬迁沟外了。尽管离开这道沟谷，起了一排排新屋，过上新的生活，可还叫梨树沟，这是一代代人骨子里的记忆。

今春，我又走进梨树沟，像武陵人走进桃花源，贸然间识不得了：平展的山路，两边青砖砌筑的长城一般的垛口。望向沟里，绿莹莹山谷间，一树一树的白，像山间的云，可云没有这芬芳；像冬天的雪，可雪没有这温润。这么想着，也就走近了，原来是一树一树的梨花。梨花三朵五朵簇拥着，伴着清风微微摇曳。细看每一朵，都开得嫩白，仿佛轻轻一缕鸟鸣，就会鸣破嫩白的花瓣儿。多少蜜蜂忙碌着，不失时机地嘤嘤嗡嗡采蜜。这北方的梨花蜜，与南方的荔枝蜜比，应该各有芬芳吧。那些没人居住的人家，一如当初，还散落梨树下。

我不知梨树沟究竟有多少梨树，但见大的腰般粗，小的腿般细，大大小小随处可见。我想起岑参的“忽如一夜春风来，千树万树梨花开”，可那写的是北方边塞八月的飞雪；又想起白居易的“玉容寂寞泪阑干，梨花一枝春带雨”，而这写的当是唐玄宗李隆基苦苦思念的杨贵妃。看来，诗人只是借梨花意象而言他，并非真写梨花。不过，真以此描写梨树沟，倒也贴切自然，生动传神，那么，就当是唐代诗人为梨树沟而写了。

梨树沟很幽深，转过去，仍不见尽头。梨树间，时有一棵棵大栗子树，或树干空洞，或主干枯干成一截树桩，旁边酿出新芽围着树桩又长出一棵。这些大栗子树，怎么也几百上千年了，生长成这样儿需要老去的时间。沿着平展展的路上得山来，一片片一堆堆大大小小黝黝发黑的块石，不是平常山岩崩裂的那种，似是从山底喷涌出来淌落淤积的。怪不得沟里人说这是古火山口。千万年，亿万年，或更久远，我尽情想象着火山喷发刹那吞天吐地的磅礴与壮观!

我上山时，随手拄着拐杖，终究山地不比平地，好在累了就随地歇息。比如沟谷间那座湖水坝上一道风雨长廊，尽管没有风雨，我也可在长廊里小憩一番，顺便欣赏一下山泉如何从沟谷聚而为湖，又如何继续从湖口下流为溪，使梨树沟的诗意平添几分灵气（图 27）。我终于走上山顶，山顶横亘着蜿蜒的长城。明时这里隶属蓟镇，不知总兵戚继光是否督查至此？我没有考证，可那些残存而相望的空心敌楼，即为戚继光所创造。城墙就地取材，以山石垒砌。一些高低错落的垛口尚在，我才明白路两边青砖砌筑的垛口，原来依长城而修筑。

图 27　梨树沟一景（摄于 2018 年 7 月）

伫立山顶眺望，沟那边就是京东名胜石林峡，石林飞瀑，自然天成。梨树沟则不同，梨花、湖水、长城及古火山口，融为一体，更具意蕴。曾几何时，山乡一条普通得不能再普通的沟谷，如今竟幻化为一道绝妙风景。想梨树沟人在外面一排一排的房子里，应该生活得愈来愈幸福。可我还是想念人家散落、鸡犬相闻的梨树沟，想念那一瓢凉水的甘甜，甚至想把寨笆围着、稍门虚掩的人家简单收拾住下，悄悄长成一棵梨树！是啊，梨树经一冬孕育，春天里满沟满谷就争先恐后白白地尽情绽放了。遥知不是雪，可心底翻来覆去总觉得是雪。怎知这雪，不觉里就有一片飘落我头顶了呢！

2018年8月5日草，6日改，7日再改，8日又改，10日又改，
19日改，30日改，31日改，9月1改定于善书斋，
刊发于9月29日《人民日报》，据编辑修改而再改。

从容叙述文采扬

——写作的叙述

我们前面讲了写作的结构，就是要在动笔之前，先搭好文章的架子，先写什么，后写什么，再写什么，大致想好了，就可以动笔写了。要动笔写，最基本的就是叙述，这是写作的基本功。

什么是叙述呢？简单说，就是把你脑子里想好的、准备在文章里想写的东西，清楚地表达出来。甭管写的是人物，是动物，是景物，是事件，还是写你的思想、你的情绪等。说着容易，真写好却是不容易，是需要下工夫才行。为什么我每次讲课以后，总是要大家写，这就是练笔，我感觉大家还是写的少。不经常写，笔下的功夫是磨练不出来的。写作这东西，不是你站旁边一瞅，就可以会的。做天桥的把式，光说不练不行。所以，希望大家能够自觉地多写，多练笔，一定是熟能生巧。世上任何事情，没有捷径可走，都需自身努力才行。

写作中，有些是概括的写，就是概括的叙述；有些是具体得写，就是具体的叙述。

叙述中，如果用到人称，我们知道，“我”或“我们”，是第一人称，文章中以“我”或“我们”的角度来写，这就是第一人称叙述，写“我”或“我们”的所见所闻所感所思所想。这样写，就使文章显得亲切、真实、动人。这样写的文章很多，谁能举个学过的或看过的第一人称文章的例子？

“你”或“你们”，是第二人称，文章中以“你”或“你们”的角度来写，这就是第二人称叙述。这类文章见到的很少，大概一般人也不这么写，可能是不好叙述有关。一些文章中会出现“你”或“你们”，也许是叙述中带出来，而不是这种主要的叙述方式。大家明白就行了，不便于做的事不要硬强着去做，可能会费力不讨好。我们就不多讲了。

“他”或“他们”，是第三人称，文章中以“他”或“他们”的角度来写，这就是第三人称叙述。写作者站在一旁，静静地以第三人称叙述，可以不受时间、空间的限制，较为自由，较为灵活，且较为客观。以第三人称写作的文章有，可也不算多。

有时我们看到有的文章，可能会改换人称。像我们写的文章一般不是很长，最好不要随意改换，不然自己都容易换乱了。大家最好就以第一人称角度来练写，比较容易写好。

叙述不仅要把握好叙述的人称，还要注意运用好叙述的方法。前面讲了，结构是构思的物化，而构思是在脑子里，是可想而不可见的。结构是体现在文章里，是支撑着文章的骨架，是可见的。而叙述，我觉得就是将结构具体化，像一棵大树，如果说结构就是高大的树干，叙述就是把这个高大的树干，具体写成一棵有树枝及树叶的大树，一棵大树才会繁茂。不然，就一根树干光溜溜戳在那儿，与树桩子有什么不同呢？这是构思、结构、叙述之间的大致关系，大家心里要清楚。

我在写作中，经常会根据文章叙述需要，适当调整完善结构。不是说一写，结构就不动了。我们要明白，变也好，不变也好，总之叙述是离不开结构的，是对文章结构的叙述。叙述也有自己的方式，这些方式与所讲的结构特点有些类似。因为叙述也要按一定的顺序，总不能无序叙述。所以，我们说的叙述方式，归纳起来，不外乎最直接、最常用的就是顺叙，这是适应顺叙的结构而采用，就是按照事情发生、发展、结果的顺序来叙述，来写，文章就清楚明白，脉络清晰。写人、写事、写景都可以，如写景，往往是移步换景，随着游览的足迹写。这是最常用的，对应的就是上回讲的“纵式结构”。

顺叙之外，还有倒叙，先写结果或先写其中一部分，然后再从头慢慢叙述。要记住，倒叙不是说整个文章都从结果倒着往前说，一直倒着说到开始，这不行，文章没有这么写的，这样也写不了。倒叙能使文章一开始就抓住读者，相当于设置了一个悬念，吸引着读者读下去。大家可以看看鲁迅的作品《祝福》，一开始就写祥林嫂的死，然后再回头叙述她生前的故事。其实，倒叙这是一个开始，随即还要回到顺叙上去，一定要回得自然，要说清楚。实际上，这还是以纵式结构为主。

还有一种插叙，在叙述中插进另一段相关的事，然后再接着继续叙述。这是相关内容的完善、补充，在文章中只是一个短小的片段，不能喧宾夺主，当然更不能把可有可无、两不相干的东西随意插进，那就是节外生枝了。比如，可以是对叙述到的一个物的具体述说，也可以是对叙述到的一件事的追述以往等。通过插叙，使文章内容更丰富，更完善。插叙在写作中用的不少，大家可以在学习中有意识运用。

还有一种平叙，叙述同时发生的两三件事或同时看到的几个景物等，一件事一件事或一个景物一个景物地说，古人说书常说“花开两朵，各表一枝”，即是此意。你只有一支笔，只能把同时发生或同时看到的东西这样有先有后地写出来才行。对应的，其实就是上次讲的并列叙述的“横式结构”。

总之，叙述是写作的重要基础，叙述好了，就能把写的东西说清楚了，说明白了，甚至再说的富有文采就更好了。谈及富有文采，就不能不谈到叙述中的一些方法、一些相关的修辞等。方法比如描写，比如抒情；修辞比如比喻，比如拟人，比如排比，比如夸张。大家有兴趣，可以找些写作的书，自己看看，扩大一些视野。

我们在这里不能逐一来讲，就谈谈想象吧。想象就是根据我们已有的见闻和生活经验，构想出不曾见过或者从未出现过的形象或情景。这有些类似无中生有的意思，但不是毫无根据地瞎编乱造，而是建立在我们的见闻或生活经验的基础上，是有生活基础的，也就是说想象是源于生活现实的。比如大家都很喜欢的长篇神话小说《西游记》，历史上是有到古印度取经这回事的，孙悟空、猪八戒等，只是将人的性格、故事、语言等赋予这么一个个形象而言，最终还是人的活动。还有联想，联想就是我们根据事物之间的某种联系，由一事物想到另一有关事物的过程。比如，我写的梅州壶，由书写“上善若水”而联想到老子《道德经》，由烧制好的青花瓷壶而联想到后周皇帝柴荣御窑的青瓷。我们通过联想，就可以把世间万物联系起来，从而使我们笔下的文章内容更充实，更丰富，更厚重，语言更形象，更生动。对于写作而言，想象力、联想力很重要，可以说没有想象、没有联想就没有文学。只有插上丰富的想象的翅膀，联想的翅膀，我们笔下的作品才能飞得更远。写作的方法、修辞等本来是可以作为一讲来讲的，考虑到我们的时间很紧，又恐有时天阴下雨活动可能临时取消，也就只好在这里简单讲讲，大家在今后学习写作中慢慢领悟理解好了。

2018年3月19日草，20日改；4月30日改，5月2日又改，
2019年5月28日改定于善书斋。

【阅读与欣赏】

这篇散文写于20世纪90年代，桃树刚开始兴起时。距今二十多年了，多次修改。最初发表时叫《北宫桃花云》，后又称《平谷桃花源》，前几年在《北京日报》副刊发表时又改为《情满桃园》。文章既具体描写了盛开的桃花，又概括叙述了平谷悠久的历史文化，同时联想到陶渊明笔下的桃花源及神话中的夸父追日和平谷的现实，这是一篇优美又充满文化底蕴和情感的散文。

情满桃园

柴福善

平谷三面环山，中为谷地。莽莽二十余万亩桃园，就繁茂于这山圈儿里。桃园尤以华山为最，原本就从这里繁茂开来的呢！而华山之名，据说亦为原东魏要阳古县桃花山，其历史自是源远流长了。

且莫一再溯本追源，时值四月天，看那春风一点，一朵两朵桃花小心翼翼地一番左顾右盼，便毅然决然敢为天下先地拱出苞儿来。随后那些酝酿已久的骨朵禁不住开放的灿烂，便爆竹般噼噼啪啪地绽放了。不待一夜春风，就绽放得漫山遍野。这漫山遍野缤缤纷纷的桃花，绝非元人散曲小令，那太小巧玲珑了。而是一部鸿篇巨制，多层次多角度多章节多卷帙的结构，就是曹雪芹、罗贯中大概也难以驾驭！单看每一朵，也绝不是漫不经心轻描淡写，而是在各自枝头，有章有法有节有奏有秩有序有品有味地绽放开来，更有只只蝴蝶，不失时机恰到好处地翩翩着修辞。

我陶醉于花间，慨叹皇天后土怎如此青睐这一川土地，灿烂出如许绝妙的桃花呢？但见花瓣袅袅，宛若轻盈禅翼，虽略粉红，却艳而不妖，美丽着这川沃土，当然也知恩回报着沃土上抚育她们的辛勤劳作之人。更感谢上苍风调雨顺，不然，莫说冰天雪地，就是“倒春寒”也难以绽放，甚至未曾绽放就被雨打风吹去了！我默默踟蹰于林间，在充满嘤嘤啾啾欢快鸟鸣的空气中，浮动着怎样一种芳香，那是浓极而又淡极的芳香，如一缕缕悠远的钟声，缭绕心底，流韵隽永，回味不绝。

登临山巅，但见东方横亘着万里长城，虽充满沧桑，可作为中华民族的象征，世界人类的遗产，蜿蜒于燕山之间，成一道桃园屏障；北面屹立着老象峰，整座山峰为象，惟妙惟肖，浑然天成，也是日月轮回，风雨雕琢，大自然鬼斧神工，壮了桃园之景；南接汉城旧址，平谷建置二千二百余年，延续至今。城基瓦砾，如一部厚厚典籍，平添桃园之蕴；西望京师，古都历史悠久，建筑辉煌，恰作了桃园深远厚重的依托。无论我怎样地思接千载，视通万里，眼前这一切，或天然造化，或人文胜迹，早与桃园融为一体，使四月里的桃园，刹那间汇成一片热烈欢腾深沉浩瀚的桃花海！

桃花海里，无数花瓣舞动，分明激荡着中国音乐的节拍，奏出天上人间的优美曲乐。一时间，世人争相竟传，中国乐谷，世界桃园！平谷确是世界最大的桃园，而华山无疑是桃园最精彩壮观的华章。这华章并非是夸父追日的拐杖，一根拐杖再神通也幻化不了这多；也不是武陵人贸然闯进的桃花源，那不过夹岸数百步，即使满栽桃树，充其量又栽植几株？究其实，这华章是一代代桃园儿女的辛劳杰作，而他们也在杰作中享受着幸福与快乐！我曾想，四月桃花里，若夸父来此，或许也不再苦苦地追日，当拄着拐杖而醉入花丛；若陶渊明有知，定会欣然命笔，再作新桃花源记了。

当然，作新记时，请陶翁切莫忘记桃园四十万儿女正做着的桃花梦。随着悠扬乐律，缤纷落英，梦在枝头，将会一天天成熟为现实。

我的点评（六）

今天在讲课之前，首先宣布一下，过去文学社社员、现在已经三年级的刘睿同学所写的石林峡的文章，登在了2018年5月18日《北京日报》“小苗”副刊上，题目为《远近高低各不同》，因此，你今后可以说：在初中时就开始发表作品了。我将这张报纸送给刘睿同学留存，也许今后升学乃至工作会有一定的参考作用。在此，向刘睿同学表示祝贺！这是我们文学社的作文，第一次刊登在面向全国发行的北京的大报上，是文学社零的突破。希望刘睿同学继续努力，也希望大家向刘睿同学看齐，能够写出更多好文章来。

下面接着讲课。这一讲，我们对三四篇大家的作文，进行点评。

我们先看董彦佑同学的《学车》，这篇作文上次讲课已经点评了，经过修改，发给我看后，感觉一些地方还可以再改，也许更好（图28）。原文：

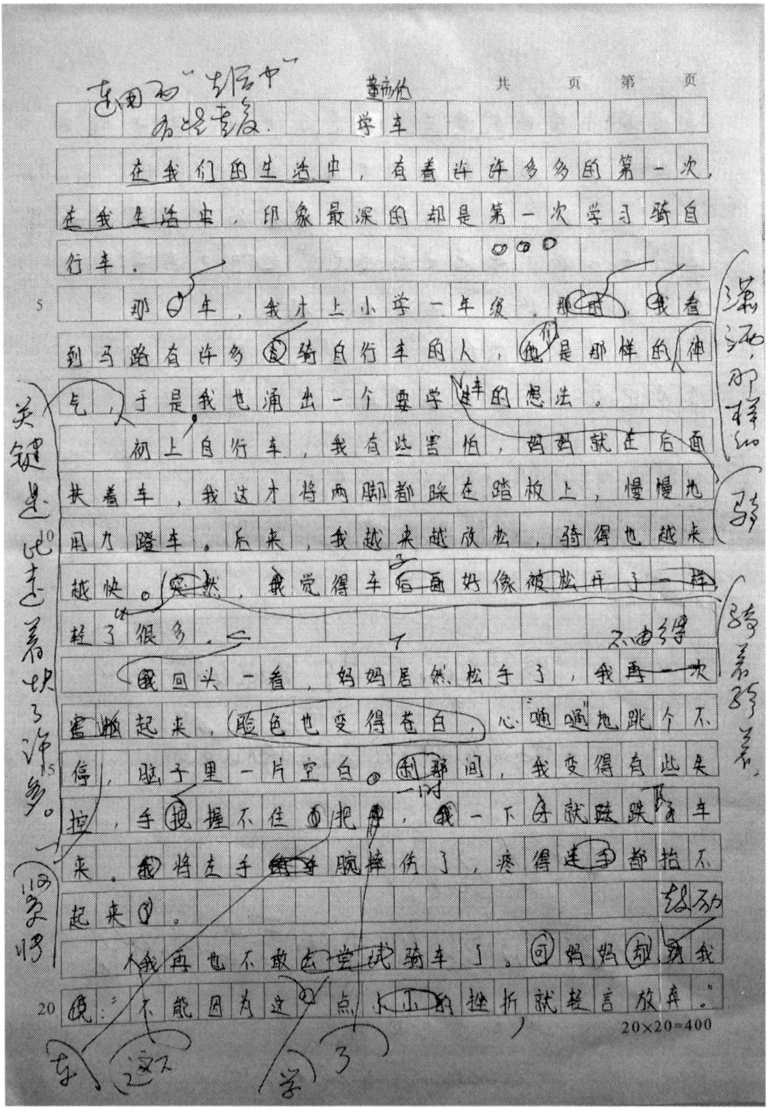

图 28　董彦佑同学作文《学车》

学 车

北实附中　初二（2）班　董彦佑

在我的生活中，有过许许多多的第一次，令我印象最深的却是第一次学习骑自行车。

那年，我才上小学一年级，看到马路上有许多骑自行车的人，是那样的潇洒，那样的神气，关键是比走着快了许多。于是，我也涌出一个要学骑自行车的想法。

初上自行车，我有些害怕，妈妈就在后面扶着车座，我这才将两脚都踩在踏板上，慢慢地蹬车。后来，我渐渐放松，骑得也越来越快。骑着骑着，觉得车子好像轻了很多，回头一看，妈妈居然松手了，我不由得紧张起来，心“嗵嗵”地跳个不停，脑子里一片空白。一时间，我变得有些失控，手握不住车把，一下就跌下车来，将左手腕摔伤了，疼得都抬不起来。

这下，我再也不敢学骑车了，妈妈鼓励我：“不能因为这点挫折就轻言放弃。”在妈妈的热情鼓励下，我休息了几天，手腕基本好了，我又继续学骑车了。

这次，我不再害怕，在妈妈鼓励的目光中，我骑上了车，眼睛努力向前望去，脚使劲向前奔去，我终于学会了骑自行车。

这次学车的经历让我明白了：无论做什么事都有第一次，只要努力坚持，就会成功。

“在我的生活中”，“在”字可删，直接说“我的生活中”，而意思不变。这即是说，写作中，要注意对可有可无的字、句，尽可能删去，使文章更精炼。这需要很深的驾驭语言的功夫，希望大家以后能够自觉地注意。

“第一次学习骑自行车”，“学习”的“习”字可删。我们生活中一般都说“学骑车”，更口语，还简练了。

“看到马路上有许多骑自行车的人”句的“许多”，可改为“很多”，因为第一行有“许许多多”，下行还有一个“许多”，这里再用“许多”就显得重复了，而且会让人觉得写作者词汇贫乏，怎么老是“许多”呢？我们在文章中要注意运用积累的词语，尽量少重复。

“一个要学骑自行车的想法”，“一个”和“自行”可删。上面已说“骑自行车”，在此就可以简写为“骑车”，有这个前后的语境，简写读来也很明白。

“害怕，妈妈就在后面扶着车座”，“害怕”后面逗号改为句号。“就在”“车座”四个字可删，多余。全句为：“害怕。妈妈后面扶着”。减少些连词，会更紧凑、简洁。

“我这才将两脚都踩在踏板上，”，细节再具体些，可改为：

“我才将腿迈上车，两脚踩在踏板上”。“这”“都”二字及逗号可删。

“慢慢地蹬车”，还是笼统些，文章的表现力主要体现在细节上，将“地”“车”二字删去。可改为：“慢慢蹬，车子就晃晃悠悠地前行”。一般开始学车不会骑，让人扶着，往往骑得慢，越慢越晃悠，越骑不好越容易摔倒。

“骑得也越来越快”，顺着上句写下来，为与“晃晃悠悠”照应，可改为：“骑得也越来越顺畅，越来越快”。

“觉得车子好像轻了很多”，心里的感觉，写得很到位。

“妈妈居然松手了,”，这个逗号可以改为叹号，本身就害怕，见妈妈一松手，更害怕了，用叹号更好地表达了心底的境况。

“，脑子里一片空白”，此句连逗号可删。

“一下就跌下车来”，此句“来”字显多余，可删。况且下句还有一个“来”字，有重复之感。

“我再也不敢学骑车了,”，逗号可改为句号。这里写的是“我”，下面写的是“妈妈”，两层意思，故以句号为宜。

“妈妈鼓励我”，下面还有“鼓励”这个词，此处可改为“说”字。

“在妈妈的热情鼓励下”，“的热情”三字可删，修改为“在妈妈鼓励下”。

“我休息了几天，手腕基本好了，我又继续学骑车了”，三句三个“了”字，第一个可删。

“我又继续学骑车了”，前面有个“我”字，这句“我”字可删。

“这次，我不再害怕,”，第一个逗号去掉，第二个逗号改为句号，是一层意思了，后面是另一层意思了。为了与上面承接得更紧密，可加一句“有了前面的摔打,”“这次”的“次”字可改为“回”字。

“在妈妈鼓励的目光中”，前面已两次出现“鼓励”一词，这里又出现，一而再，再而三，就不好了，这就看出写作者遣词造句的功夫深浅了。不妨换个词，比如“期望”“期待”都可以。

“我骑上了车”，这句话感觉平淡了点，可改为“我勇敢地骑上车”，“了”字去掉。

“眼睛努力向前望去，脚使劲向前奔去,”有两个“向”字，前一个可改为“朝”字。两个“去”字，前面的可改为“着”，后面逗号改为句号。全句改为：“眼睛努力朝前望着，两脚上下自如地蹬着，车便一直向前奔去。”

“我终于学会了骑自行车。”，由于前面逗号改为了句号，就剩这一句，还应该再完善一下为好。可改为：“妈妈不在后面扶着，是我自己骑着呢。我高兴，终于学会了骑自行车！”后面那个句号改为叹号，表示内心的欣喜、惊叹。所以，我们不要轻视标点的运用，更不要随意使用标点。要记住，标点不是可有可无，也是语言的一部分，也具有重要价值和作用，与文章是融为一体的。

结尾的“这次”二字可删。结尾与开头照应，且升华主题。

大家看看，修改后全文是不是更顺畅、更简练、更生动了呢？文章不厌改，好文章我觉得真的是改出来的。

改文：

学　车

北实附中　初二（2）班　董彦佑

我的生活中，有过许许多多的第一次，令我印象最深的却是第一次学骑自行车。

那年，我才上小学一年级，看到马路上有很多骑自行车的人，是那样的潇洒，那样的神气，关键是比走着快了许多。于是，我也涌出要学骑车的想法。

初上自行车，我有些害怕。妈妈后面扶着，我才将腿迈上车，两脚踩在踏板上慢慢蹬，车子就晃晃悠悠地前行。后来，我渐渐放松，骑得也越来顺畅，越来越快。骑着骑着，觉得车子好像轻了很多，回头一看，妈妈居然松手了！我不由得紧张起来，心“嗵嗵”地跳个不停。一时间，我变得有些失控，手握不住车把，一下就跌下车，将左手腕摔伤了，疼得都抬不起来。

这下，我再也不敢学骑车了。妈妈说："不能因为这点挫折，就轻言放弃。"在妈妈鼓励下，我休息几天，手腕基本好了，我又继续学骑车了。

有了前面的摔打，这回我不再害怕。在妈妈期望的目光中，我勇敢地骑上车，眼睛努力朝前望着，两脚上下自如地蹬着，车便一直向前奔去。妈妈不在后面扶着，是我自己骑着呢。我高兴，终于学会了骑自行车！

学车的经历让我明白了：无论做什么事都有第一次，只要努力坚持，就会成功。

我们再看另一篇：

城市的一抹明黄

北实附中　二（4）班　孙铭晨

冬日的一节课，我与好友因小组讨论问题争执不休。直到下课也是对对方横眉冷眼毫不退让，但是心中却是仿佛受了伤一样，越来越觉得委屈。

傍晚我也不再同她一起走，只是独自骑车回家，寒风中，脸是凉的，手是冰的，连赌气的泪水，也不是从前的滚烫，就像屋顶的冰柱一下，落地成渣。也许人在难过时运气也是差的吧，连红绿灯也不肯让我直接过去。由绿到黄，跳跃的数字，又一下子变成了红色。

就在我因事事不顺，眼泪即将止不住时，突然一个声音顺着寒风传了过来，“小姑娘，骑车不带手套不冷吗?”我定睛一看，原来是一位穿着交通协管制服的阿姨，抹干眼泪，在稍微平静后答道:“不冷的，要是冷我就带了，倒是您，这一站就是大半天，这么冷。”那阿姨笑了一下，说:“冷也要坚持啊!”我忽然看到她停在一旁的自行车，又看看她，好像每个交通协管人员都不坐着啊，便问道:“阿姨，您都不能坐下一会儿的吗，这多累啊!”“累也不行吧，不能坐下。灯绿了，等拐弯儿的车过去再走吧。”

“好，谢谢您，再见!”我笑着与那位阿姨道别。寒风还在吹，天色依旧黑，脸也是凉的，手还是冰的，我却感觉有什么不一样了。大概是因为心里暖了吧，在那与阿姨攀谈的时间里，我仿佛听到了心里有一道冰面破裂的声音，在深冬中那抹明黄似春天的暖阳，温暖了我的心，也使我柔和起来，和朋友争论什么问题，说清理由就好了，我会有我的想法她自然也会有她的见解，干什么非要赌气呢?

我把冬日的一抹明黄，折成信笺一张。寄入冬日的信箱，温暖心湖的冻冰。

这是一篇写人记事的作文。首先说题目“城市的一抹明黄”，有一种值得品味的寓意。

“但是心中却是仿佛受了伤一样”，粗读感觉还行，细读却发现“但是”“却是”都属于转折连词，用在一起有些不妥，况且“但是”也显得语气上有些重。删去“却是”二字，将“但是”改为“可”字。全句改为“可心中仿佛受了伤一样”。

“就像屋顶的冰柱一下，落地成渣”，可将中间逗号去掉，“屋顶”的“顶”字改为“檐”字，因为雪后融化而结成的冰溜是挂在屋檐下的。说眼泪落下如屋顶冰柱落地成渣，形象生动，且有质感。

“也许人在难过时运气也是差的吧”，这句话没什么大毛病，实际上是自己心情不好，以致遇见其他事情也不耐烦。因此，我想是否可以改为“也许人在难过时感觉运气也是差的”，添加“感觉”二字，删去“吧”字。

“就在我因事事不顺，眼泪即将止不住时”，前句说“事事不顺”有些言重了，可换个角度，改为“就在我心情烦乱时”。后句值得推敲，前面已经说泪水如冰柱落地成渣，这里怎么又说“眼泪即将止不住时”，那就是眼泪还在眼圈儿里转，没落下来呢，这就前后矛盾了，后句可删去。

“骑车不带手套不冷吗”，“带”字错了，应“戴”字。写作一定要注意错别字，这是最基本的文字功夫。

“在稍微平静后答道”，“在”字可删，一些词句之间，是没必要一定要以连词等连接的，直接说更干净。

“不冷的，要是冷我就带了，”，“是”字可删，联系上句，读起来会更顺畅。“带”字应“戴”字，后一个逗号改为句号为宜。

“倒是您，这一站就是大半天”，后一个“是”字可删，“这一站就大半天”，更符合口语。

“那阿姨笑了一下”，“那”字可删，就一位阿姨，没有远也没有近，不用代指。

“好像每个交通协管人员都不坐着啊”，“啊”字可删，这是叙述，不是对话，不必一而再再而三独自地抒情慨叹。

“您都不能坐下一会儿的吗，”“都”字可去，就一个人，用“都”字不妥。“下”“的”二字可删，“坐一会儿”更口语。逗号可用问号。

“累也不行吧，不能坐下。灯绿了，等拐弯儿的车过去再走吧。”分开说，“累也不行吧，不能坐下。”，这两句可并为一句：“累也不能坐。”平常人们之间说话，其实最简单、朴实的。后面呢，不妨给阿姨加个动作：并用手一指。后面是引号，就显得更连贯，且不唐突。

“我笑着与那位阿姨道别”，“那位”可删，就这一位阿姨，不用特指了。

“天色依旧黑”，“依旧”这个词，需要上面有对应。前面说了“傍晚”，也就意味着越来越晚，越来越黑，所以用“依旧”不妥，可改为“天更黑了”，晚上应该是一会儿比一会儿黑。我们写作，一定要注意遣词造句表达的准确。

“。大概是因为心里暖了吧，”前边的句号可改为逗号，因为后一句从内容看是承接前一句的。后面逗号改为句号。

“在那与阿姨攀谈的时间里”，“那”字可删。

“我仿佛听到了心里有一道冰面破裂的声音”，“了”字可删。此句有寓意。

“在深冬中那抹明黄似春天的暖阳”，“那抹明黄”，我理解应该是指协管员身上的那件黄色制服，但上面写到协管员没写“明黄”的制服，就缺了前边的铺垫。所以，前面那句“原来是一位穿着交通协管制服的阿姨”可加上，改为“原来是一位穿着明黄色交通协管制服的阿姨”，就前后呼应了，后面这一笔就显得有根了。

“也使我柔和起来，”如果不加其他词语，可将逗号改为冒号，以承接后面自己心境的独白。

“和朋友争论什么问题”，“什么”可删。

“说清理由就好了，”，逗号改为句号。

“我会有我的想法”，后面加个逗号。

“折成信笺一张”，“一张”调到“信笺”前面更好，读来会更顺畅。

这篇作文写人记事，结构完整，写环境，写心理，以环境寓心理。显得有功力，而且多少有些小说味道，也许铭晨同学具有写小说才华。如若往这方面努力，将来说不定会有所成的。我没与孙铭晨同学交流过，都喜欢看什么书，是不是平时喜欢看小说呢?

修改后：

城市的一抹明黄

北实附中　初二（4）　孙铭晨

冬日的一节课，我与好友因小组讨论问题争执不休。直到下课也是对对方横眉冷眼毫不退让，可心中仿佛受了伤一样，越来越觉得委屈。

傍晚我也不再同她一起走，只是独自骑车回家，寒风中，脸是凉的，手是冰的，连赌气的泪水，也不是从前的滚烫，就像屋檐的冰柱一下落地成渣。也许人在难过时感觉运气也是差的，连红绿灯也不肯让我直接过去。由绿到黄，跳跃的数字，又一下子变成了红色。

就在我心情烦乱时，突然一个声音顺着寒风传了过来，“小姑娘，骑车不戴手套不冷吗？”我定睛一看，原来是一位穿着明黄色交通协管制服的阿姨，抹干眼泪，稍微平静后答道：“不冷的，要冷我就戴了。倒是您，这一站就大半天，这么冷。”阿姨笑了一下，说：“冷也要坚持啊！”我忽然看到她停在一旁的自行车，又看看她，好像每个交通协管人员都不坐着，便问道：“阿姨，您不能坐一会儿吗？这多累啊！”“累也不能坐。”阿姨用手一指：“灯绿了，等拐弯儿的车过去再走吧。”

“好，谢谢您，再见！”我笑着与阿姨道别。寒风还在吹，天色更黑了，脸也是凉的，手还是冰的，我却感觉有什么不一样了，大概因为心里暖了吧。在与阿姨攀谈的时间里，我仿佛听到心里有一道冰面破裂的声音，在深冬中那抹明黄似春天的暖阳，温暖了我的心，也使我柔和起来：和朋友争论问题，说清理由就好了。我会有我的想法，她自然也会有她的见解，干什么非要赌气呢？

我把冬日的一抹明黄，折成一张信笺。寄入冬日的信箱，温暖心湖的冻冰。

另外，李婉婷同学的《假如我是一棵树》，也很好，具有大爱的情怀及浓厚的诗意，只是层次和具体细节需要进一步打磨，不妨以后静下心来，再看看一些类似的文学作品，有了新的认识，再行修改。

还有贾雨萱同学的《桃园游记》，写得也很美，对桃花的描写也很细腻，观察很仔细。我再三看后，感觉还是去掉小题目，既然是游记，就写成一篇完整的也许更好。当然，去掉小题目，从结构和细节上，就要重新考虑，可以先写来到桃乡华山，再具体写先看到的桃花，再写慢慢登上山顶的过程及山顶眺望，最后写下山及所感。有大景、有小景，有近景、有远景，这样布局也许更适宜些。

因为时间关系，这两篇就不能一一细讲了。

2018年5月23日改于善书斋。

【阅读与欣赏】

张若虚，唐代诗人，生卒年不详，江苏扬州人，曾任兖州兵曹。《全唐诗》仅收其诗两首，其中《春江花月夜》脍炙人口。诗抒写真挚的离情别绪及富有哲理的人生感慨，语言清新优美，韵律宛转悠扬，给人以空明澄澈、清丽自然之感。闻一多先生称此诗为“诗中的诗，顶峰上的顶峰”，前人甚至誉此诗为“孤篇盖全唐”之杰作。

春江花月夜

张若虚

春江潮水连海平，海上明月共潮生。
滟滟随波千万里，何处春江无月明？

江流宛转绕芳甸，月照花林皆似霰。
空里流霜不觉飞，汀上白沙看不见。

江天一色无纤尘，皎皎空中孤月轮。
江畔何人初见月？江月何年初照人？

人生代代无穷已，江月年年只相似。
不知江月待何人，但见长江送流水。

白云一片去悠悠，青枫浦上不胜愁。
谁家今夜扁舟子？何处相思明月楼？

可怜楼上月徘徊，应照离人妆镜台。
玉户帘中卷不去，捣衣砧上拂还来。

此时相望不相闻，愿逐月华流照君。
鸿雁长飞光不度，鱼龙潜跃水成文。

昨夜闲潭梦落花，可怜春半不还家。
江水流春去欲尽，江潭落月复西斜。

斜月沉沉藏海雾，碣石潇湘无限路。
不知乘月几人归？落月摇情满江树。

书写真实自然的语言

——写作的语言

我们说酝酿写作的构思，组织写作的结构，进行写作的叙述，而最终是要借助于语言，才能写成文章。所以，对于写作而言，掌握写作的语言至关重要。而驾驭语言能力的高低，也就直接决定了一篇文章水准的高低，一个写作者水准的高低。一句话，写作在某种程度上，其实就是写语言。一个作家的所谓风格、特点，除所写题材外，主要体现在语言上。这就要求同学们必须重视语言，要能够熟练、准确、生动、灵活地运用语言，而绝不能忽视语言。

写作的语言有什么要求呢？最基本的，我觉得就是真实、自然。先谈真实。我们写作，无论写散文（同学们写的作文就属于散文），写诗歌，还是小说、戏剧，真实是第一位的，这种真实，有事实的真实，也有艺术的真实，也有情感的真实。只有这种真实，才能很好地反映广阔的社会生活，很好地反映我们自己和周边的人生及命运，很好地写出眼中所见的故事和风景，很好地表达我们自己的心路历程。这些真实，最后都要通过语言表现出来。我们上次点评的董彦佑同学的作文《学车》，就是对自己学骑车经历的一种真实记述。可以说，真实是写作的生命。说假话，胡编乱纂，驴唇不对马嘴，满纸荒唐言，这不行。而读者的眼睛是雪亮的，是欺骗不了的。记得大作家巴金说过，写作是“把心交给读者，讲自己心里的话，讲自己相信的话，讲自己思考过的话”。还说，“我们这一代人的毛病就是空话说得太多，写作了六十几年，我应当向宽容的读者谢罪。我怀着感激的心向你们告别，同时献上我这五本小书，我称它们为‘真话的书’”。“这五本小书”，是指巴金晚年的五本散文随笔集《随感录》，影响很大。这是老一辈作家在以自己的亲身经历，告诉世人要说真话，要把心交给读者。

再谈自然。文章语言的自然，借用鲁迅《作文秘诀》中的一句话，就是“有真意，去粉饰，少做作，勿卖弄”。语言自然，就像小河的流水一样，顺着河道自如地流淌；或像白云，在蓝天上任意地舒卷。我们看到，自然的语言往往是朴实的，所谓“朴实自然”。不好说得太细，需要大家慢慢领会感悟。比如北宋苏轼传颂千古的散文《前赤壁赋》：“壬戌之秋，七月既望，苏子与客泛舟游于赤壁之下。清风徐来，水波不兴。举酒属客，诵明月之诗，歌窈窕之章。少焉，月出于东山之上，徘徊于斗牛之间。白露横江，水光接天。纵一苇之所如，凌万顷之茫然。浩浩乎如冯虚御风，而不知其所止；飘飘乎如遗世独立，羽化而登仙。”又如东晋陶渊明《桃花源记》：“晋太元中，武陵人捕鱼为业。缘溪行，忘路之远近。忽逢桃花林，夹岸数百步，中无杂树，芳草鲜美，落英缤纷，渔人甚异之。复前行，欲穷其林。”又如当代大家孙犁（图 29）散文《秋凉偶记 · 扁豆》：“北方农村，中产以下人家，多以高粱秸秆，编为篱笆，围护宅院。篱笆下则种扁豆，到秋季开花结豆，罩在篱笆顶上，别有一番风情。”我们看这三篇文章语言，舒畅自然，不刻意经营，宛若浑然天成，堪称经典。

语言有什么要求呢？

一要准确。主要指写作时遣词造句，一定要能够贴切地表现出对所写对象的状貌、情景等，贴切地表达出写作者所思所感所想及心境。遣词造

图 29　文学大师孙犁，手不释卷（摄于 1981 年）

句准确，应该是写作的基础，不然怎么叫写作呢？写得驴唇不对马嘴，风马牛不相及，这样写出的东西成什么作品呢？就像世间没有两片相同的叶子一样，我们无论描写什么，表达什么，表现什么，一定要努力找到描写或表达或表现的最到位、最贴切的那个字、那个词、那一句才行。有些字、词、句可以意思相近，但最准确的往往就“那一个”。比如，我们点评的董彦佑同学的《学车》中，有“觉得车子好像轻了很多”，这种心里感觉就写得很到位，这就是准确。要明白，文章千古事，甘苦寸心知。唐朝诗人卢延让《苦吟》诗中，有“吟安一个字，捻断数茎须”句，体现古人对于写作语言的追求。这里的“吟安”二字，追求的就是语言的准确，把心里想的意思表达出来了，心就踏实了。因此，写作必须有高要求、高标准，不能将就，不能凑合（he），更不能糊弄。不然，写作很难提高，也很难写出好文章，如果抱着将就、凑合、糊弄的态度，最终被将就、凑合、糊弄的不是别人，一定是自己。

二要简练。所谓语言简练，是用尽量少的文字，表达尽量多的内容，能用一个字就不要用两个字，能用一个词就不要用两个词，能用一句话就不要用两句话，尽量删去可有可无的甚至多余的字、词、句，这就是语言的简练。反之就是不简练，语言就“水”，“水”就不是好的语言。北宋欧阳修一天和几个同僚骑马出游，一个同僚的马在路上踏死了百姓的一只狗。欧阳修叫下属赔了钱，又叫那位同僚记下此事。同僚写道："有犬卧通衢，逸马蹄死之。"欧阳修看了，认为不够简练，拿过笔删去四字，改为："逸马杀犬于道。"就简洁多了，且更具概括性。我们看苏轼《前赤壁赋》："壬戌之秋，七月既望，苏子与客泛舟游于赤壁之下。清风徐来，水波不兴。举酒属客，诵明月之诗，歌窈窕之章。"这是简练。东晋陶渊明《桃花源记》："晋太元中，武陵人捕鱼为业。缘溪行，忘路之远近。忽逢桃花林，夹岸数百步，中无杂树，芳草鲜美，落英缤纷。"这也是简练。孙犁先生《秋凉偶记 · 扁豆》："北方农村，中产以下人家，多以高粱秸秆，编为篱笆，围护宅院。篱笆下则种扁豆，到秋季开花结豆，罩在篱笆顶上，别有一番风情。"这还是简练。大家传世之作，往往很难增减一字，增一字嫌多，减一字嫌少，增减都可能会使文章减色。这就是大家手笔，要不为什么我一直主张同学们读书一定要读大家、读经典呢？道理就在这里。董彦佑同学的《学车》第一句"在我的生活中"，将"在"字删去，意思不变，就简练些了。我们看清代郑板桥的两句诗："删繁就简三秋树，领异标新二月花。"从写作角度来理解，后句可以理解为要出新的意思，那么前句就可以理解为要简练了，就像深秋的树，北风把叶子都吹去了。当然，我们也不能为简而简，简得文章艰涩，简得不知所云，也不行，做什么事不能过犹不及，一定要把握分寸、恰到好处才行。

三要生动。所谓语言生动，我觉得就是不呆板、死板，不俗套、老套，尤其我们进行文学写作，是一种艺术创作，更要注重语言的生动、形象，甚至充满灵动。比如唐代柳宗元《小石潭记》："潭中鱼可百许头，皆若空游无所依。日光下彻，影布石上，佁然不动；俶尔远逝，往来翕忽，似与游者相乐。"可以说写得生动传神，用"空游"二字，就写出了潭水的清澈、透明。"似与游者相乐"句，鱼与人相通，充满灵动。北宋工部尚书宋祁，曾写《玉楼春》词，有"红杏枝头春意闹"句，这个"闹"字，鲜明生动，境界全出，写尽了春意盎然的情致，以致当时的人们称其为"红杏枝头春意闹尚书"。毕竟文学写作是一种创作，创作就要注重出新，就像郑板桥诗"领异标新二月花"说的那样。写作最忌随人后，人云亦云，拾人牙慧，很难生动，很难出新。要注重出新，哪怕是很平常的字眼，经过组合，而赋予新鲜的意蕴。孙铭晨同学的《城市的一抹明黄》那句眼泪"就像屋檐的冰柱一下落地成渣"，这情境仿佛就在眼前，很生动且形象，并有质感。

写作，我觉得如果学会写短句子，应该更容易使语言准确、简练、生动，且不容易出现语病。记得大作家老舍先生说过："我自己写文章，总希望七八个字一句，或十个字一句，不要太长的句子。每写一句时，我都想好了，这一句到底说明什么，表现什么感情，我希望每一句话都站得住。当我写了一个较长的句子，我就想法子把它分成几段。”这是大家经验之谈，其实我们看上面举的孙犁的例子，也是这样，我们应该注意训练。同时，我们要注意标点的运用，一定要有标点也是语言的意识。当然，古代没有我们现在的标点，古文自然也就没有标点了，需要我们今人的句读，不消说了。我们生活于现在，一定要明白：标点是可以协助字、词、句更好地表达我们的感情与思想的。所以，标点并非可有可无，更不是可以随意标点。该用什么用什么，就像字、词、句一样，用得恰到好处，才会成为一篇文章不可或缺的组成部分，为文章增色。

大家知道，中华五千年文明绵延不绝，究其原因，其中很重点一点就是语言文字的传承。所以，我们对语言文字一定要保持敬畏。而写作说到底就是写语言，在敬畏之心下，用你自己的语言来写，写你自己看到的、想到的、感受到的东西，慢慢地就一定能够写出你自己的风格、特点来，距离成功也许就不远了。

2018年6月6日星期三上午再改，2019年5月28日改定。

【阅读与欣赏】

陶渊明（公元365—427年），一名潜，字元亮，东晋末年浔阳柴桑（今江西九江）人。家境贫寒，为谋生曾做过几年祭酒、参军之类的小官，因不愿为“五斗米”逢迎“折腰”，而辞官归隐。陶渊明为我国著名的田园诗人，其诗意境淡远，语言质朴，有独特的艺术风格。如《饮酒·其五》：“结庐在人境，而无车马喧。问君何能尔？心远地自偏。采菊东篱下，悠然见南山。山气日夕佳，飞鸟相与还。此中有真意，欲辩已忘言。”其中“采菊东篱下，悠然见南山”为千古名句，传诵至今。

桃花源记

陶渊明

晋太元中，武陵人捕鱼为业。缘溪行，忘路之远近。忽逢桃花林，夹岸数百步，中无杂树，芳草鲜美，落英缤纷。渔人甚异之，复前行，欲穷其林。

林尽水源，便得一山，山有小口，仿佛若有光。便舍（shě）船，从口入。初极狭，才通人。复行数十步，豁然开朗。土地平旷，屋舍（shè）俨（yǎn）然，有良田美池桑竹之属。阡陌交通，鸡犬相闻。其中往来种作，男女衣著（zhuó），悉如外人。黄发垂髫（tiáo），并怡然自乐。

见渔人，乃大惊，问所从来。具答之。便要（yāo）还家，设酒杀鸡作食。村中闻有此人，咸来问讯。自云先世避秦时乱，率妻子邑人来此绝境，不复出焉，遂与外人间隔。问今是何世，乃不知有汉，无论魏晋。此人一一为（wèi）具言所闻，皆叹惋。余人各复延至其家，皆出酒食。停数日，辞去。此中人语（yù）云："不足为（wèi）外人道也。"

既出，得其船，便扶向路，处处志之。及郡下，诣太守说如此。太守即遣人随其往，寻向所志，遂迷，不复得路。

南阳刘子骥，高尚士也，闻之，欣然规往。未果，寻病终。后遂无问津者。

我的点评（七）

在文学社，大家写了两三次作文，包括梨树沟采风的作文，我看了几篇，感觉都有一定写作基础，也有些方面需要进一步提高。结合大家的作文，今天进行一次点评。我们不可能把大家写的都点评了，就集中点评一篇杨一同学的《游梨树沟》。希望大家能够就学习写作进一步理解，举一反三，有所收获。

我觉得这篇作文，比较真实地写出了梨树沟的所见所闻所感。能够把所表现的景物写真，一看写的就是梨树沟，这需要一定的眼力与笔力的。这是总起来看，下面具体分析。

游梨树沟

初二3班　杨一

题目“游梨树沟”，就决定了全篇所写的内容，就是梨树沟的景物；所写的结构，就是按着游览中的所见所闻来布局谋篇。

所以，起好一个题目很重要，关系到能不能很顺畅地写好一篇文章。当然，有时候也有先写文章，写完了再起题目。我是习惯于先酝酿好内容了，起个合适的题目，就动笔了。这就要根据各自的写作习惯和具体情况了。不管是先起题目，还是后起题目，文章酝酿和写作的时候，都需要围绕中心或主题来写，而不能过于散漫，甚至无中心无主题。

题目下面，写的是作者及年级班级。这是一般的书写格式。我看到大家格式不一，名字有在上面的，有在下面的，还有没写名字的；年级班级有的写了，有的没写。在这里统一下文稿书写：先居中写题目，下行右侧写年级班级及姓名。做人做事做学生，都需要有一定的规矩，没有规矩不成方圆，文稿也是。

原文：

今天，我们和老师去了自己家乡平谷的梨树沟来采风。

这是第一段，大家写作文，就是一些写作的人，往往存在一种现象，就是很容易流于写过程，比如游记，我跟谁去了，到哪儿了，看见啥了，不嫌繁琐地写这个过程，自个儿可能觉得很详细，费了不少力，读者也许嫌过于琐碎或啰唆，这就是费力不讨好了。所以，我们写作要相信读者的理解能力。一些过程可以省略的就不要写，直接写所见所闻，更干净利落。再有，行文最好是短句子，不要太长了，太长容易出现语病。如前面写“我们和老师”，后面接着写“去了自己家乡”，这“自己”是指我，还是我们，还是老师，还是我们和老师？感觉有些指代不清。再说，“我们和老师去了自己家乡平谷的梨树沟来采风”这句，有20个字，比较长了，把要说的东西，一股脑堆这儿，唯恐说不全说不清楚。其实，写文章就像平时说话，一个人肯定不会一口气说这么长的一句话。应该简短明了，听的人一听就明白。说的人轻快，听的人也轻快。既然题目是“游梨树沟”，索性开门见山。改为：

秋天，我来到了梨树沟。

原文：

正是秋季，我们坐着大巴车一路向山上去。望向窗外，便可以看见满山的红叶，路边的小溪也已经干涸了，周围都是山谷、山崖。山上还有奇形怪状的柏树、松树。人们都说北方的山有张家界的味道，的确如此。继续想上去，便可以看到路旁接连不断的梨树，这就是所谓的“梨花大道”。如果是春天的话，一定开满了满山遍野的梨花，我完全可以想象得出春天那样一幅难以忘怀的画卷。

第二段，写走进梨树沟。开始写“秋天”了，这里不用再写，可直接写梨树沟，坐大巴等都可以不写。是坐大巴，还是小轿车，还是骑自行车，这些不是我们要写的，要写的是梨树沟。而梨树沟第一眼先看到的，应该是周围的山，一般都是先远后近，先大后小，先写什么、后写什么，顺序要清楚。说“路旁”的梨树，就不能说“满山遍野”，“路旁”与“漫山遍野”应该不是一个概念。遣词造句一定要准确，前后要吻合。这里写“人们都说北方的山有张家界的味道，的确如此”，张家界到底是什么味道呢？没有写。如果没有，就不要写，写就要写完整。“继续想上去”的“想”字，是个错字，应该是“向”字。我们写完文章，一定要多看几遍，悉心修改修改。而从现在起，要能养成一个良好的学习与写作习惯，一定终身受益。改为：

走进沟里，周围都是山，满山红叶，红叶间还有些绿色，那是一棵棵挺拔的松柏。路边一道从山里流出的小溪，已经干涸了。沿着路往前走去，路旁生长着大大小小的梨树，这就是号称十里的“梨花大道”了。如果是春天，盛开着一树树梨花，那将是一幅怎样让人难以忘怀的画卷。

原文：

秋天是一年四季中丰收的季节，现在已经果实累累了。下了车，柴老带着我们去了一户已经没人住的园子。这一路虽然只有短短20来米，走起来却十分艰难。等到了目的地后，身上早已满是“刺”了，真是披荆斩棘呀。不过这也是种子传播和保护自己的一种方式。

第三段，写走入的一户人家。行文一定要注意简洁，不要拖沓累赘。“秋天是一年四季中丰收的季节，现在已经果实累累了”。一般说“丰收”，我觉得往往用于具体庄稼，说稻子、麦子、玉米等大丰收都可以。而说“秋天”，往往说收获更好些。“收获”这个词，更能够涵盖秋天。这句可简化为“秋天是收获的季节，这里也不例外”。这样写，为到院里看到红果留下伏笔。我们走进那个院子，就看到一棵红果树，大家还采摘了红果。“不过这也是种子传播和保护自己的一种方式”，这里边有知识，可与主题关系不大，切记写文章不是堆砌知识的地方，更不是卖弄的地方，该写什么，不写什么，一定要把控好。改为：

秋天是收获的季节，这里也不例外。我走进一户人家，早已没人住了，院内外长满了杂草。不觉间，身上竟沾满了“刺儿”，这真是“披荆斩棘”呀。院里一棵红果树，挂满了红果，没人采摘。我悄悄摘下一颗，放在嘴里，只觉酸甜酸甜的，大概这就是梨树沟秋天的味道了。

原文：

紧接着，我们去往了下一个地方“梨花湖”。首先映入眼帘的便是长廊，长廊和颐和园的有几分相似。湖中有几只正在戏水的鸭子和一些鱼儿，这真是它们快乐玩耍的地方。

这是第四段，写梨花湖。行文既要注意上下衔接，又不要从这儿到那儿地老是注意过程。这种习惯性思维，不有意识克服，有时很难跳出来。这里说“长廊和颐和园的有几分相似”，既然点到长廊，到底啥样，和颐和园的一样，也需要点一下才好，含混着总给人没写透的感觉。改为：

出了那户人家，继续前行，就是“梨花湖”了。一道长廊，横在大坝上，布满油漆彩画，和颐和园长廊有几分相似。湖中，几只鸭子追逐着戏水，一群鱼儿自由地游动，这里是它们的乐园。

原文：

这一路有山有水，还有果实，要是饿了，就随手摘一个果子，尝一口都是自然万物的味道。

这是第五段，“一路有山有水”，似是概括之笔，可接着又写摘果子吃，与整体关系不大，可删。有些内容如“自然万物的味道”“摘果子”等，已融进第三段了。再有，此段仅一行零一字，而前后段落有三五行的。从文章来看，我觉得全篇段落还是大体匀称为好。就像一个人，全身要长得四称才好，如头大，胳膊长，腿短，就不免寒碜了，文章也要讲究匀称，尽管这是文章的外在形式。如果能够形式与内容的完美统一，更好了。

原文：

最后，我们来到了火山口。我踩着一个个台阶，脚踏实地地向山顶走去。它虽然是个死火山，但走的过程中，依然能发现堆砌而成的火山石。最令人难忘的还是在过程中，发现的一棵特殊的树，它两旁有两块大石头，有可能它是长在石头中间的，也有可能是它日复一日地长成参天大树，把压着它的石头挤成了两块，总之，树已经与石头之间变为一体了。到了山顶，才让我真正懂得了什么叫做“山重水复疑无路，柳暗花明又一村”。

再看第六段，主要写去看古火山口。先写路上的台阶，再写一块巨石间的树，以及登到山顶。写景状物，一定要形象生动准确。实际上，这是一块大石头，一棵树从石头缝里长出来。用词一定要注意贴切，“脚踏实地地向山顶走去”的“脚踏实地”，也不是不对，就感觉这意思与往山上走不很搭调。引用前人诗句、名言等，文中的情境要符合所引用话语的情境，能够浑然一体。内容到此，一引此句，顿使文章境界全出才好，而不能游离主题，更不能与内容毫不相干。如这里引的南宋诗人陆游“山重水复疑无路，柳暗花明又一村”的诗句，就不够贴切，因为前面不是没路，不是诗中所写的样子。再就是用词力求准确，如“最令人难忘”那句的大石头，“难忘”一词往往带有主观情感的色彩，而树与石头生长一起一般给人以惊异、诧异之感。改为：

最后，去古火山口。我踩着一个个台阶，向山顶走去，可见当年喷发而堆砌满山的火山石。最令我惊奇的，是路边一块大石头，不知啥时裂为两半。中间生长出一棵比胳膊还粗的树，渐渐地与石头长为一体，以致树根把石头都撑开了。

原文：

身边不是缺少美，而是缺少发现美的眼睛。千言万语也道不尽这美景，这欢乐。感谢老师们让我发现我的家乡竟如此美丽。“实是欲界之仙都”。

这是文章的结尾。一般结尾可以总结，可以升华，可以抒情，可以感叹等，文无定法，怎么好怎么写，怎么顺手怎么写。结尾应该是顺着全篇脉络，到此恰到好处地结住。这篇结尾，也是想总结，说这里怎么美，我怎么欢乐，也想与开始写的“家乡”呼应，看得出是有构思的。就是感觉有些没结到点上。另外，一行半的文字，两处引用。说明杨一同学平时看了不少书，也用心记了，且能够学以致用，这很好。就是要确切掌握词语的含义，注意引用恰当。这两处所引，一是暗引，“不是缺少美，而是缺少发现美的眼睛”，引的法国雕塑家罗丹的名言。看下句，这里为说景美而引，可这句名言着重说的应该是发现，是发现的眼睛；一是明引，引的是南朝陶弘景《答谢中书书》句：“山川之美，古来共谈。高峰入云，清流见底。两岸石壁，五色交辉。青林翠竹，四时俱备。晓雾将歇，猿鸟乱鸣；夕日欲颓，沉鳞竞跃。实是欲界之仙都，自康乐以来，未复有能与其奇者。”看原文，这句的意思应该是：这里实在是人间仙境。是夸这里景色好，如同人间仙境。原句引用，显得有些生硬，甚至读到这儿，一时不知作者要说啥的感觉。再说，前面也没写到如仙境一般的境界。一定要前有铺垫，后有才有点睛，所谓水到渠成。另外，引用也不要过于生硬，这句“实是欲界之仙都”引得就有生硬之感。改为：

我下山了，梨树沟美景，千言万语也道不尽，等明年春天梨花开时，我一定再来！

这样写，既写出了对梨树沟的赞美，也写出了自己对梨树沟的留恋，使文章有回味。同时，与前面第二段“如果是春天，盛开着一树树梨花，那将是一幅怎样让人难以忘怀的画卷”句相呼应，使全文前后贯通，更加严谨。

全篇的叙述人称，由“我们”改为“我”，更便于叙述。略去没必要的过程与情节，使不长的文字更为简练，且饱满，有韵味。我觉得一篇好的文章，就应该这么写。对于不当写、没必要写的，就一定不要写，要有取舍。写文章尤其是游记，不是事无巨细地统统写上。如五六个人才能搂抱过来的大栗子树，这里就没写，挺好。把一个景区事无巨细地方方面面啥都写上，不就成导游词了么？一篇好的文章，终究不是导游词。

玉兰花

初二1班　曾建智

不知何时，校园里的玉兰花已经有开的了。

玉兰树上，有花苞，有半开的，甚至还有几个怒放的，真是热闹的一大家子呢。花苞像一个可爱的小宝宝，静静地躺在棕绿色的毛衣里。又像一只小雏鸟，伸出圆圆的脑袋和尖尖的嘴，向往着飞翔的自由。它还像一只还在茧里的小蝴蝶，等待着破茧而出的那一刻。

已经半开的花，张开了最外层两三瓣温润如玉的花瓣，像一个个小花灯，点亮了春天，使我不禁想剥开花瓣，看看它的内心是怎样的惊艳？

那几朵怒放的花，静静地伫立在树的顶端或是枝头。我踮起脚尖，想一探究竟。只见它那些粉嫩嫩的蕊中有一个像仙人掌一样长满又细又长的刺的花蕊立在中间，跟我所想的娇嫩的花蕊完全不符。我转念一想，原来，在这个高洁典雅的花中有一个坚强的内心，就是这样，它才能在这个乍暖还寒的季节里怒放呀！

一阵清风拂过，所有的花都微微颤动，仿佛我正置于白雪当中。这时，三两只藏在花中一丝不苟地工作着的小蜜蜂被惊动了，在空中翩翩起舞。

我赞叹玉兰花的美丽，我爱玉兰花。

这是改过的一稿了，原来的题目叫“心中的坚强”，有些大，也有些虚，我建议改为“玉兰花”，因为全文主要就是写的玉兰花，这里按花苞、半开、怒放的结构写的。我想，一般先看到盛开的花，近前才会看到半开的，到跟前仔细看，才会发现没开的花苞，按这个结构，我略加修改，来不及细致点评了。改后：

玉兰花

初二1班　曾建智

不知何时，校园里的玉兰花已经开了。

一树一树的玉兰，有些在枝头怒放了，我踮起脚尖，只见那些粉嫩嫩的蕊中，有个像仙人掌一样长满又细又长的刺的花柱，就像花中一个坚强的内心。正是这样，玉兰才能在这个乍暖还寒的季节怒放呀！

也有些刚半开的，只外面展开两三个花瓣，不知里面是有怎样的惊艳？更像一盏盏小花灯，一起来点亮春天。

还有一个个毛茸茸的花苞，像一个个可爱的小宝宝，静静躺在棕绿色的毛衣里；又像一只只小雏鸟，伸出圆圆的脑袋和尖尖的嘴，正做着飞翔的梦；也像一只只还在茧里的小蝴蝶，等待着破茧而出的那一刻。

一阵清风拂过，花们微微颤动，惊起三两只花中采蜜的小蜜蜂，在空中向着玉兰翩翩起舞。

我不由得赞叹玉兰的美丽，正是这份美丽，和百花一起，装扮着春天的灿烂。

这里说“小花灯”“点亮春天”以及三个花苞的比喻，新颖、形象、生动，很精彩。字里行间，感觉这位同学有文学才情，继续努力。

还有些同学的作文，也不错，比如齐涵悦的《伞》，所写从小爷爷打着伞接我，我渐渐长大，爷爷老了。你可以结合今天讲的，再进一步修改修改，丰富完善，应该能改出一篇真实感人的文章来的。说到修改，像我今天的讲稿，用了3天时间，前后修改5遍，直到今天早晨又有修改。今天发给大家的《梨树沟写意》，酝酿了几年，去了多次，写了两个月，修改20多遍，也就意味着不足2000字的文章，改稿就有四五万字，简直薄厚够一本小书了。直到自己觉得不能再改了，才发给《人民日报》。所以，文不厌改，好文章真的是改出来的。干什么也需要下苦功夫，下笨功夫，任何事情，真的没有捷径可走。涵悦同学如果你改好了，就发给我。

今天，整个初二年级都来了，我讲的仅供大家参考。不仅是文学社的同学，我相信大家经过努力，都可以写出好文章来的。如果哪位同学有兴趣，真的写了好的文章，可以由老师转给我，我帮助寄往报刊，比如《北京日报》“小苗”专刊，比如《东方少年》，比如《桃花源》等。当然也可以自己寄去，有电子邮箱。大家要敢于写，敢于寄。其实，说到底，学习写作，即使成为不了作家，也是大家今后学习、工作的基础，一定是终生受益。

2019 年 11 月 7 至 8 日草，改，9 日又改，11 日再改，
12 日改，13 日改定于善书斋。

好文章是改出来的

——写作的修改

今天，请同学们到我的写作室来，看看我的写作环境、我的藏书等。不知大家有什么感受，我想谈三点所想到的：

一是要想让自己一生有所成，一定要读书，要广博地读书，且读书要伴随一生。我就是这么过来的，几乎无一日不读书，包括研究历史文化。我这十几柜子书，家里还有十柜子，是我几十年的积累，也是我之所以从一个农村孩子，能够成为今天的我的重要根基，也是我这多年写作和给大家讲课的底气。

二是一个人要成就自己，一定要有专长。我就在无一日不读书的基础上，逐渐形成自己的专长：写作方面，以散文为主，不仅出版了六七本散文集，而且获得了全国冰心散文奖；研究方面，以平谷历史文化为主，出版了《平谷史话》《平谷寺庙志略》《志书补遗》等多部。所以，一定要学会培养和发展自己的专长，以让自己适应社会，更好地发挥自己的作用。

三是要有发现的眼光和创新的意识，这也是我在整个讲课过程中所一再倡导的。那个小枯树桩上插一截树枝儿，而长出枝叶（图30），这就是别出心裁的“创新”；捡拾的糟朽的树根略加整理，上面奉一尊佛像，起名“佛手”，这就是发现；一块扔在山沟无人问津的顽石，摆置案头，横看竖看，左看右看，正看倒看，都是一个人像，这也是发现。写作，需要发现的眼光和创新的意识。当今社会，更需要发现的眼光和创新的意识，才能很好地立身。

图30　在老木桩上栽植的一截树枝，此树枝很柔软，可培植福字等树字（摄于2016年5月）

我谈这三点，不止对于写作，也供大家今后在人生道路上参考。下面，我们接着讲今天的课《写作的修改》。

写文章一挥而就且流传后世者，历史上有，但很少。如东晋大书法家王羲之醉酒后所写《兰亭序》，既是书法精品，号称

“天下第一行书”，又是小品名文，收录多种选本。再如唐代王勃《滕王阁序》，据说是过滕王阁时即席而作。即使这样才高八斗，一挥而就，挥笔前也一定打好了腹稿，酝酿好了才挥笔的。大多文章则不是这样，往往是先写初稿，经过一而再、再而三、不厌其烦地修改，才成为精品，成为传世之作。

如法国作家巴尔扎克，在稿样的空白处，写满密密的字迹，正面写不下就写到背面，背面也写不下再贴一张白纸，直到觉得自己挑不出毛病为止，有时甚至全部推翻了原稿。而俄罗斯列夫·托尔斯泰的长篇巨著《战争与和平》改过七遍，《安娜·卡列尼娜》写了五年，仅开头部分就修改了二十次。我国清代曹雪芹写《红楼梦》，据说是批阅十载，增删五次。

有书记载北宋文学家王安石：“王荆公绝句云：‘京口瓜洲一水间，钟山只隔数重山。春风又绿江南岸，明月何时照我还？’吴中士人家藏其草，初云‘又到江南岸’，圈去‘到’字，注曰‘不好’，改为‘过’。复圈去而改为‘入’。旋改为‘满’。凡如是十许字，始定为‘绿’。”这就是《泊船瓜洲》诗，最后改为“绿”字，成为全诗点睛之笔。

北宋文坛领袖欧阳修，初稿写好就贴墙上，反复诵读、修改。据说《醉翁亭记》写好就贴在了滁州城门口，有个樵夫路过，看完摇摇头。欧阳修问哪里不好？樵夫说文章整体写得很好，只是开头不好，您还是自己去山中转转吧，并建议从琅琊山的南门进去。欧阳修真的从南门上了琅琊山，登高一望，恍然大悟，回来就进行了修改。原来的开头是：“环滁四面皆山，东有乌龙山，西有大丰山，南有花山，北有白米山，其西南诸山，林壑尤美。”经修改，欧阳修改为一句话：“环滁皆山也。”更加精炼和简洁。有书记载：“欧公晚年，尝自窜定平生所为文，用思甚苦。其夫人止之曰：‘何自苦如此！尚畏先生嗔耶？’公笑曰：‘不畏先生嗔，却怕后生笑。’”怕后人笑，以致晚年还改，并且改起来没完没了。这种精神很值得我们学习。

我们看，古今中外大家都是下苦功夫，下笨功夫，反复修改，精益求精，才成为大家。大家尚且如此，何况我们初学写作呢？记得鲁迅说过，“写完后至少看两遍，竭力将可有可无的字、句、段删去，毫不可惜”。至少两遍，至多呢，鲁迅没说。可毛泽东主席接着说了，“不妨看它十多遍，认真地加以删改，然后发表”。这些都是切身体会，至理名言。我这些年来，每写一篇作品，无论是散文、诗歌，还是小说，无论篇幅长短，字数多少，几乎都要修改十几遍，逐字逐句地读、看、琢磨，直至自己觉得可以了，基本改不了才行。即使这样，哪怕发表了，过一段时间甚至几年、十几年，拿出来看，可能还要改。比如写桃花的散文，最初叫“北宫桃花云”，后改为“平谷桃花源”，再后来改为“情满桃园”，前后大概修改了二十多年，改得与最初比较，已然面目全非了。一篇不长的作品，修改稿摞一起，往往就有厚厚的一沓子。

我们说写作修改，究竟修改什么呢？综而观之，可以对写作主题修改，有时文章写完了，可能又有新的认识或新的需要，不可避免地对主题就要调整。据说俄罗斯列夫·托尔斯泰创作长篇小说《复活》时，本来已经写完了初稿，觉得不满意。思来想去，明白了："应该从农民生活写起，他们是主体，是积极人物。而我现在所写的，他们却是影子，是消极人物。"从而明确了作品的主题是批判专制制度。这是重大调整。

也可以对写作结构修改。即使我们写作前定了写作结构，可也不是一成不变的，随着写作的推进，甚至写完再看，有可能对结构有所调整，重要的是依内容而定，结构是为内容服务的。比如上次点评的贾雨萱同学的《桃园游记》，大题目下有三个小题目，每个小题目下面写一段，确实写得很美。我一看再看后，感觉还是去掉小题目，写成一篇完整的游记更好。这就要从结构上重新考虑了。

还可以对写作内容或细节修改。写完了，回头一看，感觉一些内容或细节与全文不是很贴切，或多余，就要毫不可惜地删去，再增加新的内容或细节。如不需要删，也要进行适当完善、修改。比如，点评的董彦佑同学的《学车》的一个细节："我这才将两脚都踩在踏板上"，感觉再具体些更好，改为："我才将腿迈上车，两脚踩在踏板上"，就显得充实些了。又如李婉婷同学的《假如我是一棵树》，具有大爱的情怀及浓厚的诗意，可内容和细节需要进一步打磨、丰富与提高。

当然，我觉得更重要的是写作语言的修改。或者行文啰唆，不够简洁；或者篇章拖沓，中有闲文；或者字、词、句不准确，甚至可有可无乃至多余，等等，都要进行修改，逐字逐句地改，含糊不得。比如唐代诗人贾岛，每一句诗甚至每个字都仔细琢磨。据记载，“岛初赴举，在京师。一日于驴上得句云：‘鸟宿池边树，僧敲月下门。’始欲着‘推’字，又欲作‘敲’字，炼之未定，遂于驴上吟哦，引手作推敲之势，观者讶之。时韩退之权京兆尹，车骑方出，岛不觉得止第三节，尚为手势未已。俄为左右拥止尹前。岛具对所得诗句，‘推’字与‘敲’字未定，神游象外，不知回避。退之立马久之，谓岛曰：‘敲字佳。’遂并辔而归，共论诗道，留连累日，因与岛为布衣之交。”韩退之，即唐宋古文八大家之首的韩愈。自此这首诗连同“推敲”的故事一起，流传至今。其实，修改也包括题目，上面讲的我的那篇散文题目，由“北宫桃花云”到“平谷桃花源”，再到“情满桃园”，就是一例。

这些年来，我写作的体会最深的一点，就是文不厌改，好文章真的是改出来的，起码我是这么认识也这么做的。只是在修改过程中，既要着眼全篇的大处，又要注意文中的细节以及字、词、句的细微处，精雕细琢，精益求精，就像铁杵磨成针一样地下工夫“磨”，才能“磨”出好的作品来。

我们文学社的课，至此全部结束了。希望对大家的学习有所帮助，对大家的写作有所提高。具体大家有什么收获、体会，有什么意见、建议，可以写下来，就算我们最后一次作文。我准备把讲稿以“我与中学生谈写作”为题出版，拟将大家的收获、体会和意见、建议部分编入集中，以启发后来的新社员。最后，希望大家在今后学习和人生路上，越走越好，就像李白《行路难》诗所写的那样：“长风破浪会有时，直挂云帆济沧海！”

2018年5月29日完稿，31日改。6月9日再改，11日又改，

2019年5月28日改定于善书斋。

【阅读与欣赏】

李白（公元701—762年），字太白，号青莲居士，唐代大诗人。其诗气魄豪迈，为屈原之后古代浪漫主义诗歌的杰出代表，后人誉其为“诗仙”。李白流传下来的诗九百余首，有《李太白集》存世。

《行路难》共三首，这是第一首。诗通过写行路之难，来抒写自己不被重用，抱负不能实现的郁闷心境。最后坚信：自己一定会长风破浪济沧海的。

行路难

李　白

其一

金樽清酒斗十千，
玉盘珍馐直万钱。
停杯投箸（zhù）不能食，
拔剑四顾心茫然。
欲渡黄河冰塞川，
将登太行雪满山。
闲来垂钓碧溪上，

忽复乘舟梦日边。

行路难，行路难！

多歧路，今安在？

长风破浪会有时，

直挂云帆济沧海！

后　记

当初，北京附中副校长王川来我工作室，谈及学校办文学社的事，并要我为学生讲课。我略作沉思，才点头答应。沉思不为别的，只觉自己才疏学浅，唯恐耽误了孩子。之所有又答应，是想自己学习写作30余年，从一个农村孩子，一步步走到今天，且得到社会一定的认可，有多少经验教训、寸心甘苦，可以讲给孩子，让喜欢文学的孩子从小就在我现在认识的基础上前行。

文学社成立后，著名作家王蒙欣然题写社名。转眼三年多了，一直以系统讲课为主，加之学生作文点评、实地采风等，基本形成了文学社活动的特点。力求使这一切尽量适宜学生，力求使文学社的学生有所收获。学生的部分作品，发表于《北京日报》《桃花源》以及收录在《情满石林峡》诗文集中，有了一定的社会影响，区领导及区教委和关心教育下一代工作委员会给予充分肯定。

现在，随着讲课的进行，讲稿已几经修改，今付梓出版，就是想让校内外更多喜欢文学的孩子以及社会上的文学爱好者参考阅读。如能对大家有所帮助，将不胜欣慰了。

本书的出版，得到了副区长徐素芝的高度重视，得到了区教委和北京附中的鼎力支持，徐锡华校长百忙中为之作序，在此一并致谢。当然，书中一定还存在着这样那样的不足，敬请广大读者及方家教正。

柴福善

2019 年 12 月 18 日于善书斋

图书在版编目（CIP）数据

与中学生谈写作 / 柴福善著 . — 北京：民族出版社，2020.11

ISBN 978-7-105-16209-3

Ⅰ. ①与… Ⅱ. ①柴… Ⅲ. ①作文课—中学—教学参考资料 Ⅳ. ① G634.343

中国版本图书馆 CIP 数据核字（2020）第 220940 号

与中学生谈写作

责任编辑：李燕妮
封面设计：刘福勤
出版发行：民族出版社
地　　址：北京市东城区和平里北街 14 号
邮　　编：100013
电　　话：010-64228001（汉文编辑二室）
　　　　　010-64224782（发行部）
网　　址：http://www.mzpub.com
印　　刷：河北鑫兆源印刷有限公司
经　　销：各地新华书店
版　　次：2021 年 3 月第 1 版　2021 年 3 月北京第 1 次印刷
开　　本：850 毫米 ×1168 毫米　1/32
字　　数：160 千字
印　　张：7.875
定　　价：40.00 元
书　　号：ISBN 978-7-105-16209-3/G · 2169（汉 1050）